WIILKII QUUSAN WAAYEY

WIILKII QUUSAN WAAYEY

Xusuusqorkii Ololahii Qaaddiid

ABUUKAR CAWAALE

2017

Copyright © Abuukar Cawaale 2017.
All rights reserved. No part of this publication may be reproduced, stored in any retrieval system, or transmitted in any form or by any means, including photocopying, recording, or other electronic or mechanical methods, without the prior written permission of the publisher, except in the case of brief quotations embodied in critical reviews and certain other noncommercial uses permitted by copyright law. For permission requests, write to the publisher, at the address above.

Xuquuqda oo dhan way dhawrantahay. Buuggan ama qayb ka mid ah lama daabaci karo, lamana tarjuman karo la'aanta idan qoran oo laga helo qoraha.

Published by Looh Press
56 Lethbridge Close, Leicester, LE1 2EB, UK.
www.LoohPress.com, admin@Loohpress.com
Waxaa Faafisay Looh Press.

Typesetting by Mohammed Yusuf
Naqshadaynta Qoraalka: Muxammad Yuusuf

Cover Design & Managing Editor: Mohammed Abdullah Artan
Cover Design: Said Fadhaye
Tafatiridda Guud Maxamed Cabdullah Cartan
Naqshadaynta Galka: Saciid Fadhaye

British Library Cataloguing in Publication Data Available

ISBN: 978-0-9934313-5-7

"Canaan-ka-yaab reer ma doojo."

TUSMADA BUUGGA

Hibeyn **xi**
Afeef **xiii**
Mahadnaq **xv**
Gogoxaadh **L1**
Maalmihii Mugdiga iyo Marqaanka Qaadka **5**
Tagsigii aan Wadey iyo Sharciga Ingiriiska **13**
Bilowgii Isbeddelka **25**
Waxyaabihii Igu Qasbay inaan Qaadka la Dagaallamo **29**
Biloowgii la Dagaallanka Qaadka **35**
Furitaankii Albaabbada Masaajidda **41**
Aaladaha la iska Arko iyo Ololaha Qaaddiid **47**
Ilmadii Dareereysay Niqaabka Hoostiisa! **51**
Saxansaxadii Guusha **57**
Kula-jiraha kaa jira **65**
Geesigii na Garab Istaagay **77**
Murugo iyo Mashxarad **83**
Caqabadihii Hortaagnaa Guusha **89**
Muddaharaadkii Marqaansanaa **97**
Muddaharaadkii Miyirka Qabey **103**
Qaadka iyo Argagixisada **105**
Go'aankii Ingiriisku ku Joojiyey Qaadka **111**
Gardarro iyo Guuldarro **115**
Fulin **119**
Waa kan Aabbahay! **123**
Sheekooyina Qaadka **125**
Suugaanta Qaadka **135**
Raadraac **145**

HIBEYN

Buuggaan waxaan u hibeeyay dhammaan dhalinyarada Soomaaliyeed, kuwa qaadka isticmaala iyo kuwa aan isticmaalinba. Kuwa qaadka cuna waxaan isleeyahay wuxuu u noqon karaa tusaale cad inay godka ay ku jiraan rag hore ugu dhaceen, lagana soo bixi karo noloshana wax weyn laga beddeli karo.

Kuwa aan qaadka cunin wuxuu buuggani u sidaa oo xambaarsan yahay farriin culus, oo aan isleeyahay dhalinyarada Soomaaliyeed waxay ka baran karaan casharro badan, oo kow uu ka yahay in qofku dhexda u xiran karo inuu wax ka beddelo dhibaatooyinka soo foodsaaraya mujtamaca uu la noolyahay ee aanu cid kale ku hallayn. Sidoo kale buuggaani wuxuu dhalinyarada Soomaaliyeed uga digayaa khatarta ay leedahay cunista qaadku.

AFEEF

Waxaan ka afeefanayaa oo ka cudurdaaranayaa wixii qalad ah oo aan buuggaan ku qoray. Dabcan ulakac ma ahayn. Waxaanna caddaynayaa qoraalka iyo xog ururinta inaan anigu leeyahay aqoontayduna ay intaas gaarsiisan tahay. Sidaas daraadeed, wixii aan qalday waan ka cudurdaaranayaa waxaanna ka bixinayaa raalligelin hormaris ah. Qaladkaas oo laga yaabo inay tahay xagga farsamada qorista ama aaladaha wax lagu qoro sida kumbuyuutarrada.

Waxaa buuggaan ku qoran qisooyin iyo dhacdooyin run ah, oo aad u xanuun iyo murugo badan. Waxaana laga yaabaa in aqrisayaasha qaarkood ay sas geliso, haddaba waxaan ka afeefanayaa arrinkaas. Waan ku qasbanaa inaan dhacdooyinka xanuunka badan idinla wadaagno, si aan isu la meel dhigno farriinta buugga oo ah in qaadku yahay musiibo ku habsatay ummadda Soomaaliyeed, iyo inaan laga rejo dhigin la dagaallankiisa iyo joojintiisa gebiahaanba. Ma ahan arrin fudud in buug yar lagu soo koobo taariikh jiitameysay dhawr iyo tobon sano oo kor iyo hoos u kala socotay.

Buuggaan waxaan ku qoray af Soomaali fudud oo guud, oo aan ahayn mid gobol goonni ah looga hadlo. Waxaanna sidaa u yeelay inuu fahmo qof walba oo afka Soomaaliga aqrin kara ama fahmi karaa.

Abukar Cawaale

MAHADNAQ

Marka hore waxaan u mahadnaqayaa Alle oo igu guuleysiiyey ololaha Qaaddiid iyo qorista taariikhdiisaba.

Marka labaad, waxaan u mahadnaqayaa cid walba oo ka qayb qaadatay ururinta macluumaadka ku qoran buuggaan. Sidoo kale waxaan u mahadnaqayaa cid walba oo gacan igu siisay qorista buuggaan iyo daabacaaddiisaba.

Inkastoon halkaan lagu soo koobi karin magacyadii dadka aan jecelahay inaan u mahad celiyo, haddana waxaan jeclaystay inaan dhawr qof si goonni u magacaabo. Waxaan u mahad celinayaa Mudane Cabdicasiis Carab Arab oo buuggaan qoristiisa ka qaatay kaalin weyn.

Waxaa kale oo aan u mahad celinayaa hal-abuur, qoraa Maxamed Muxumed Cabdi (Haykal) oo igu dhiirrigeliyey inaan buuggaan qoro. Waxaan sidoo kale talabixintiisi uga mahad celinayaa Eng. Abshir Saciid Axmed.

GOGOLXAADH

Waxaan aad ugu mahadinayaa qoraaga buuggaan, Mudane Abuukar Cawaale, oo igu sharfay igana codsaday inaan buuggaan khibrad shaqsiyeedka ku saleysan u qoro gogolxaadh. Buuggaani waa buug aad u qiimo badan oo ku dhisan khibrad shaqsi oo Mudane Abuukar uu ku soo noolaaday; oo aysan ahayn mala-awaal iyo waxaa hebel laga sheegay. Buuggaani wuxuu aad u anfacayaa qof walba oo aafada qaadku ay soo gaartay si toos ah ama si dadbanba. Qof qaadka cuna ama midaan cuninba.

Qaadku waa aafo saameysa bulshada oo dhan. Haddii aadan qaadka cunin xataa, maadaama aad ku dhex nooshahay bulshda saameyntiisu si uun bay kuu soo gaareysaa. Waxaan bogagga soo socda ugu gogolxaadhi doonaa buuggan la magac baxay 'Wiilkii Quusan Waayay'. Waxaanna toos u abbaarayaa qeexidda qaadka iyo taariikhdiisa. Anigoo xoogga saaraya xiriirka qaadka iyo dadkeenna Soomaalida. Xaggee qaadku innooga yimid? Yaa isticmaalkiisa bilaabay? Sidee qaadku ugu fiday dalkeenna? Dhaqaalaha dalkeena uga baxa calaalinta suntaas cagaaran. Qaadku ma maandooriyaa? Qaadka maxay diinteennu ka tiri? Dhibaatada caafimaad jidh iyo maskaxba ee uu qaadku u keeno dadka isticmaala.

Waa maxay qaad?

Qaadka waxaa cilmi ahaan loo yaqaan "*Catha Edulis Forsk*" waana geed ubaxley ah oo ku abtirsada boqortooyo geedeedda loo yaqaan 'plantaea kingdom'[1]. Qoys ahaan qaadku wuxuu ka tirsan yahay raas ubaxley ah oo lagu magacaabo '*celastraceae*'[2]. Dhumucdiisu waa dhexdhexaad, waxaana lagu yaqaannaa in caleemahiisu ay sii daayaan walxo la mid ah falgal ahaan 'Amphetamines', oo ah maandooriye neerfayaasha maskaxda wax ka beddela, oo dadka isticmaala siiya awood aysan caadi ahaan dareemin[3]. Qaadku waa la mid oo wuxuu leeyahay dareen-kac marqaan ah, oo qofka ku abuurma marka uu calaaliyo caleemaha qaadka[4].

Qaadka waxaa lagu beeraa meelo gaar ah oo ka tirsan bariga Afrika iyo Jasiiradda Carabta[5]. Geedkan qaadka waxaa loo yaqaannaa magacyo farabadan, sida: *khat* iyo *gat* oo Yaman looga yaqaan, *chat* oo Ethiopia looga yaqaan, *jaad* oo Soomaaliya looga yaqaan, iyo *miraa* oo Kenya iyo Tanzania looga yaqaan.

Qaadku asal ahaan halka uu ka yimid waxaa ka taagan muranno farabadan. Laakiin waxaa la sheegaa in

---

1 Al-Mugahed, Leen (2008). "Khat Chewing in Yemen: Turning over a New Leaf: Khat Chewing Is on the Rise in Yemen, Raising Concerns about the Health and Social Consequences"
2 Dickens, Charles (1856) [Digitized February 19, 2010]. "The Orsons of East Africa". Household Words: A Weekly Journal, Volume 14. Bradbury & Evans. p. 176
3 Nutt, D.; King, L.A.; Saulsbury, C.; Blakemore, Colin (March 2007). "Development of a rational scale to assess the harm of drugs of potential misuse". Lancet. 369 (9566): 1047–53.
4 The Effects of Khat (Catha Edulis) (First ed.). London: Yousif Al Zarouni.
5 Dickens, Charles (1856) [Digitized February 19, 2010]. "The Orsons of East Africa". Household Words: A Weekly Journal, Volume 14. Bradbury & Evans. p. 176

Faraacinadii hore muddo laga joogo qiyaastii 5000 oo sano ka hor ay iyagu ugu horreeyeen inay helaan geedka qaadka[6]. Faraaciintu laba siba way u adeegsan jireen qaadka. Waxay u adeegsan jireen dawo ahaan iyo in taaj madaxa la saaarto looga dhigo boqorradii Faraaciinta[7]. Waxaase jira oo xaqiiqo ah in isticmaalkiisu uu aad ugu badan yahay gobollada Geeska Afrika iyo Jasiiradda Carabta, gaar ahaan dalka Yaman.

Waxaa la rumeysan yahay, inta la xusuusto, in qaadku ka yimid ugu horrayn dalka Itoobiya, ka dibna uu ku faafay dalalka bariga afrika iyo Yaman. Balse dadka qaar ayaa aaminsan inuu ka soo billowday Yaman, dabadeedna uu ku faafay Itoobiya. Sir Richard Burton ayaa sheegay in Yaman uu qaadka kaga yimid Itoobiya qarnigii 15aad[8]. Si kastaba ha ahaatee, labadaas dal ayuu qaadku kaga faafay dunida inteeda kale, dalkuu doono haka bilaabmee. Wuxuuna ku faafay dalalka ay ka mid yihiin: Soomaaliya, Kenya, Uganda, Tanzania, The DR Congo, Malawi, Zimbabwe, Zambia and South Africa.

Ka hadlidda qaadka waxaa ugu horreeyay saynisyahankii Muslimka ahaa ee la oran jirey Abu Rayxaan Maxamed Ibnu Axmed Albayruuni, oo qarnigii 11aad ka qoray kitaabkiisa caanka ah ee la yiraahdo *Kitab al-Saidana fi al-Dibb* ee ka hadlayay cilmiga dawooyinka[9]. "Qaadku waa geed koritaankiisu culusyahay oo ka baxa dhulal buuraley ah oo roobkuna ku badanyahay. waxa uuna gaaraa inta u dhexaysa 1.5 mitir ilaa 20 mitir dherer ahaan. Waxa ayna ku xiran tahay hadba gobolka uu ka baxayo iyo roobka uu helayo. Caleentiisuna waxay dherer ahaan gaareysaa 5-10

---

6 Wilkinson, op.cit., p.196
7 Brooklyn Museum online Ancient Egypt glossary. Accessed: 19 December 2016.
8 Captain Sir Richard Burton: a Biography (1821-1890) and First Footsteps in East Africa, 1856.
9 Abu-rayhan Maxamed Ibnu Axmed Albayruuni (973-1048).

santiimitir, ballaadhkeeduna waa 1-4 santimitir".[10]

Dadka qaadka cunaa waxa ay u qeybiyaan marxaladaha saameynta qaadka afar marxaladood oo kala ah: xaraarad, marqaan, qaadiro iyo dubaab. Xaraaradda oo ah marka uu qofka isticmaalaa qaadka uu sida mamman u raadinayo. Waqtigaasoo markii uu yimaaddo dadku xaggiisa u yaacaan iyagoo ku qaylinaya "soo dhacyeey". Xaraaraddu ma qabato dadka qaadka isticmaala oo qudha, ee waxaa la sheegaa inay ku dhacdo xattaa dadka aan weligood qaadka cunin ee ku xaraaradooba qaylada iyo sawaxanka qaadku la yimaado, ama dad qabatimay shaqadiisa, laakiin aan weligood laan qaad ah afkooda gelin.

Waxaa jiri jirey oday aan qaadka cunin oo lagu magacaabi jiray Lugey. Lugey sida magaciisa laga dheehan karo waa nin naafo ah oo lug la'. Lugey subax walba wuxuu ka soo kallahaa gurigiisa si uu qaadka usoo dhoweeyo. Isagoo ka orod, qaylo iyo dhaqdhaqaaq badan kuwa qaadka isticmaala ama ka ganacsada. Lugey wuxuu ku wareegaa aroor walba dukaamada iyo goobaha qaadka lagu iibiyo. Isagoo goob walba iyo dukaan walba weydiinaya qaadkii ma soo dhacay? Diyaaraddii ma soo degtay? Gaarigii qaadka siday ma yimid? Ilaa mid walba oo qaad iibinayaba uu isyiraahdo odayga hadhoow adiguu qaadka kaa gadan. Laakiin, goortii diyaaraddii qaadka sidday soo caga dhigato oo gawaaaridii qaadka keenaan goobaha lagu gado, oo qaylada iyo sawaxanka, siigada iyo boorku isqabsadaan —oday Lugey inta masarkiisa la soo baxo oo boorka wejigiisa ka masaxo ayuu bakooraddiisa qaataa, isagoon qaad gadan ama cunin.

Maalin maalmaha ka mid ah ayaa oday Lugey oo ku marqaamaya su'aalihii caadada u ahaa ee uu weydiin jirey

---

10 C/qaadir C/llaahi Cumar (Insi) Qaadku ma maandooriyaa (2008a).

dukaamada qaadka gada, ayaa markuu qaadkii soo dhacay sidiisii iska lugeeyay oo dhabbada xaafadiisii cagta saaray. Waxaa ka daba qaylisay islaan qaadka ka ganacsata oo uu su'aalaha ku dhibay, iyadoo leh war qaadkaad maanta oo dhan nagu dhibtay su'aashiisa waa kan oo kaalay iga iibso. Oday Lugeey intuu qoslay buu yiri "walaal weligeey ma qayilin, qaylada ayaan ku marqaamaa, haddana marqaamay gurigeygii ayaan u socdaa."!

Marqaanku waa marka dheecaanka qaadku uu la falgalo dhiigga, oo uu muqayiluhuna xiddigaha la cayaaro; isagoo dejiya xilligaas qorshayaal mala-awaal ah oo aan raad yeelan. Qaadiro oo ah marka uu jirka ka baxo oo uu qofku habbisaysanyahay oo uu hamaansanayo in badan. Dubaab oo ah marka uu muqayiluhu dareemayo in bahalo jirkiisa jaranayaan ama dabada ka gelayaan, sida bisado, jiir iwm.

Caleenta qaadka waxaa la cunaa iyadoo qoyan, waxaanna in badan aragnaa in marka qaadka laga soo dhoofinayo dalalka Kenya iyo Itoobiya lagu soo duubo baco ama caleemaha muuska. Sababta saa loo yeelayo ayaa ah in laga ilaaliyo inay qallasho; waayo haddii ay qallasho caleenta qaadku waxaa isbeddel ku imaanayaa dhiska kiimikaad, oo maaddada *cathinone* ee ku jirta caleenta qoyan ayaa isu beddelaysa *cathine* oo ka waxtar yar tan hore[11]. Waxaa kaloo la arkaa iyagoo biyo ku rusheeya ama isticmaala tallaajado si aanay caleentu u engagin[12].

---

11 Kalix, Peter. "Pharmacological Properties of the Stimulant Khat." Pharmacology & Therapeutics 48.3 (1990): 397-416.
12 C/qaadir C/llaahi Cumar (Insi) Qaadku ma maandooriyaa (2008b).

Cathinone   Cathine

Qaadka iyo Soomaaliya

Cidna ma inkiri karto in qaadku uu Soomaalida ku dhex leeyahay taariikh dheer. Laakiin, taariikhdaas ma aheyn mid baahsan oo loo isticmaali jirey sida hadda loo isticmaalo. Mana ahayn isticmaalka qaadku mid laga ganacsado; ee isticmaalkiisu wuxuu ahaa mid ku kooban niman xerow ah oo u cuna inay habeenkii ku soo jeedaan, si ay wax u bartaan, ama ay Ilaahay u caabudaan[13]. Si kastaba ha ahaatee, isticmaalka maandooriyaha qaadku wuxuu ka soo gudbay culumada xerta, una soo gudbay dadweynaha qiyaastii xilligii ay gumeystayaashii reer galbeedku dalkeenna soo cagadhigteen.

Wuxuu si tartiib-tartiib ah ugu faafay gobollada Waqooyi. Qaadka waxaa Soomaaliya laga mamnuucay dhawr jeer. Markii ugu horreysay waxaa gobollada Waqooyi ee Soomaaliya ka mamnuucay dalka Ingiriiska sannadihii afartamaadkii iyo kontomaadkii. Taliyaaniga oo Koonfur xukumayeyna waxa uu mamnuucay sannadkii 1952ki, inkastoo isticmaalkiisu uu ku yaraa gobollada Koonfureed[14].

DawladdiiKacaanka ee uu hoggaaminayey AUN Maxamed Siyaad Barre, ayaa si guud dalka oo dhan uga mamnuucday

---

13 C/qaadir C/llaahi Cumar (Insi) Qaadku ma maandooriyaa (2008c).
14 C/qaadir C/llaahi Cumar (Insi) Qaadku ma maandooriyaa (2008d).

isticmaalka iyo ka ganacsiga qaadka bishii Maarso 1983kii. Balse, mamnuuciddaasi waxa ay meesha ka baxday sannadkii 1986kii. Mar kale, waxaa mamnuucid ku soo rogey madaxdii maxkamdaha Islaamka 17kii Nofeembar 2006dii —markaas oo ay ka talinayeen inta badan koonfurta Soomaaliya. Waxay mar kale hawada ka baxday mamnuuciddaas markii la riday maxkamadihii, dabayaaqadi 2006dii, markaas oo dhulkii ay ka talinayeen ay la wareegtay Dawladda Federaalka oo wadatey ciidammo shisheeye[15].

Lacag aad u farabadan ayaa Soomaaliya ugaga baxda soo dhoofsashada caleentan maandooriyaha ah, ee dad badan oo Soomaaliyeed ay aad u daaqaan. Tusaale ahaan sannadkii 2006dii markii dawladda Kenya ay xayiraadda ku soo rogtay duullimaadyadii u kicitimi jirey Soomaaliya, ayaa mudane ka tirsan baarlamaanka Kenya oo laga soo doorto Ntonyiri, Meru North District, sheegay in dhulka degaankaas loo qorsheeyay beerista qaadka. Wuxuu kaloo sheegay in maalin walba loo dhoofiyo Soomaaliya qaad dhan 20 tan, qiimahiisuna uu yahay $800,000. Waxa uuna intaa ku daray in xayiraaddu ay burburisay dhaqaalaha degaanka[16].

Intaasi waa qiyaasta Kenya ka timaadda hal maalin. Bal qiyaas inta ay gaareyso sannadkii— waxa ay noqonaysaa $292,000,000. Qiyaas kale ayaa sheegaysa in qaadka Soomaaliya uga yimaadda Kenya uu sannadki gaaro $100 milyan oo doollar.

Dhanka kale, warbixin ay soo saartay dawladda Itoobiya ayey ku sheegtay in qaadka ay dibadda u dhoofiso ay ka soo gasho lacag aad u farabadan. Qaadkuna wuxuu ka mid noqday shanta walxood ee ugu lacagta badan waxyaabaha ay dawladda Itoobiya u dhoofiso dibadda. Waxaa ka horreeya

---

15 C/qaadir C/Ilaahi Cumar (Insi) Qaadku ma maandooriyaa (2008e).
16 "Kenya bans all flights to Somalia" BBC News 13th November 2006.

oo kaliya dhoofinta bunka oo 24% ah, dhoofinta dahabka oo 19% ah, iyo dhoofinta miraha saliidda oo 14% ah, waxaana ku soo xiga qaadka, oo 100% loo dhoofiyo Soomaaliya ama waddamada Soomaalidu deggan yihiin, ee uu qaadku ka ahaa sharci.

Warbixintu waxay soo baxday intaan qaadka laga mamnuucin waddanka Ingiriiska. Dawladda Itoobiya waxay qiratay in 9% dakhliga dawladdoodu uu ka soo galo qaadka loo dhoofiyo Soomaaliya[17]. Waxayna intaa ku dartay inay damacsan tahay siyaasad ku qotonta yaraynta isticmaalka qaadka ee dalkeeda gudahiisa ka fuliso. Qiyaastan waxaan ku jirin qaadka laga keeno Itoobiya ee la geeyo gobollo ka mid ah Soomaaliya, sida Waqooyi oo aad uga isticmaal badan qaadka Koonfurta. Lacagahaas malaayiinta doolar ahi waxay gacanta u galaan laba dal oo aan deris nahay, xurguf ba'anina ay naga dhexayso; labadaas dal oo lugta kula jira qaska ka jira dalkeena.

Sidoo kale Jamhuuriyadda Jabuuti ayaa ka mid ah goobaha uu aad u aafeeyay qaadku. Warbixinno aan ka soo xigtay qaar ka mid ah bogagga internetka ee ka faallooda dhibaatooyina qaadka, ayaa tibaaxay sidan: si layaab leh ayaa waxaa la isula xariiriyay isticmaalka qaadka iyo tirada dumarka jidhkooda ka ganacsada ee AIDS-ka qaba. Warbixin ayaana sheegtay in ragga aadka u cuna qaadku ay u baxaan bannaanada iyagoo u taga dumar jidhkooda ka ganacsada diidana isticmaalka cinjirka galmooda[18]. Waddanka keliya ee Soomaaliya ka qaad cunis badan waa Yaman. Laakiin, iyagu qaadkooda way beertaan, oo boqollaal malyan oo dollar waddan shisheeye ma u dhoofiyaan. Tan kale oo ay Yaman waddankeena uga

---

17 Ethiopia: Khat - the Perils and Promises; 1st jan (2016) http://allafrica.com/stories/201601041059.html

18 Martin, Alice. "Djibouti Drug Culture Leaves Dying Women High and Dry," The Guardian October 28, (1996)

horreeyaan waa ka ganacsiga qaadku wuxuu ku kooban yahay ragga oo qudha. Ma arkaysid haweeney Yamaniyad ah oo qaad gadaysa. Halka Soomaaliya 90% ka ganacsiga qaadka uu dumar gacanta ugu jiro.

Waxaana la wada qiray in qaadka iyo fasahaadka shaqsiyadeed, sida sinada iyo khamri cabka iyo cibaado la'aantu, ay isla socdaan. Sidaan kor ku soo xusnay, bilowgii isticmaalka qaadku wuxuu ku ekaa niman culumo ah oo habeenkii duruus ku raacan jirey. Laakiin, isticmaalka foosha xun oo fisqigu la jiro wuxuu bilawday markii ay cuniddiisa bilaabeen fannaaniinta iyo dhallinyarada oo labada jinsiba leh.

Cunidda qaadku waxay si muuqata ugu gudubtay Koonfurta Soomaaliya xornimadii iyo midowgii ka dib[19]. Waxaa aad u badatay sannadihii ugu danbeeyay cunista qaadka noocyadiisa kala duwan ee nooga imaanaysa dalalka Kenya iy Itoobiya. Sababaha uu qaadku u noqday mid ku faafay daafaha dalkeenna oo dhan, miyi iyo magaaloba, waxaa ka mid ah gaadiidka cirka oo aad u fududaaday. Degmo walba oo dalkeenna ka tirsan waxaa laga xaar-xaaray barxad ay soo caga-dhigtaan duyuuradaha sida suntan cagaaran, dabadeedna loogu yeero "garoonka caalamiga ah ee degmo heblo."

Dhibaatooyinka caafimaad-darro ee qaadku uu keeno.

Qaadku waa nooc ka mid ah noocyada maandooriyeyaasha kuwooda ugu dhibaato badan. Sababtuna waxa weeye dhibaatada qaadku kuma eka oo qudha qofka cuna, ee wuxuu saameeyaa qofka isticmaala qoyskiisa iyo bulshada guud ahaan. Dhibaatooyinkaas oo u geysta qofka cuna

---

19 C/qaadir C/llaahi Cumar (Insi) Qaadku ma maandooriyaa (2008f).

qaadka, wuxuuna dhibaatooyin u geystaa xagga maskaxdda iyo xagga jirka. Sidaan kor ku soo qeexnay qaadku waa maandooriye halis ah. *Catha edulis* oo ah magac cilmiyeedka geedka qaadka waxa uu ka tirsanyahay raaska la yiraahdo *'celastraceae'*[20]. Caleemaha qaadka waxaa ku jira nooc ka mid ah waxa loo yaqaan *Alkaloids*, oo samaysan ahaan la mid ah maaddada *Amphetamine*. Waxaana yoomiyan cuna dad aad u fara badan oo ku nool meelo badan si ay uga helaan dareen maskaxeedka loo yaqaan marqaan, oo halmaamsiiya daalka, ayna isku dhaafiyaan walaahowga la xariira nolosha adduunyada. Waxaana la aaminsanyahay in dareenka ka dhasha cunidda caleentan ee marqaanku uu sabab u yahay kartida iyo daal la'aanta qofka cunaya, waxaana isticmaala safarrayda iyo ardayda diyaarinaya imtixaannada si aanay u daalin[21].

Culumada ku takhasustay caafimaadka ee sameeyay baaritaannadii ugu horeeyay ee la xiriira waxyeelada qaadka, ayaa soo jeedisay in qaadka uu ku jiro walxo la mid ah maadada Amphetamine. Baaritaanno kiimikaad oo la sameeyay ka gadaal ayaa la xaqiijiyay in caleenta cusub ee qaadka ee fareeshka ahi ay ku jiraan *'alkaloids'*, sida *Cathin* iyo *Cathinone*— kan dambe ayaana dhisma ahaan la mid ah *Amphetamine-1*[22].

Sidoo kale waxaa ku jira bir farabadan oo *tannins*, *vitamins*, macdan iyo *flavonoids*. *Cathinone* waxaa iminka la aaminsanyahay inay tahay maaddada ugu firfircoon ee walxaha ay ka kooban tahay caleenta cusub ee qaadku.

---

20 Dickens, Charles (1856) [Digitized February 19, 2010]. "The Orsons of East Africa". Household Words: A Weekly Journal, Volume 14. Bradbury & Evans. p. 176
21 C/qaadir C/llaahi Cumar (Insi) Qaadku ma maandooriyaa (2008g).
22 Hassan NAGM. Gunaid AA, El Khally FMY, Murray-Lyon IM. The effect of Khat chewing leaves on the Human mood. Saudi Med J 2002; 23(7): 850–853

Saamaynta walxaha qaadka ku jiraa ay u geystaan waxa loo yaqaan *receptors* (soo dhoweeyayaasha) waxaana ay la mid tahay tan uu u geysto maandooriyaha *cocaine*. Dawada loo yaqaan *bromocriptine* ayaana yarayn karta saamaynta astaamaha iyo rabitaanka ka dhasha marka uu qofku joojiyo qaadka muddo 24 saacadood gudahood ah[23].

Dhibaatada ugu badan ee qaadku uu u geysto isticmaalaha daacadda u ah waa inuu kala dagaallamo xagga dhimirka[24]. Saamaynta ugu caansan ee qaadku waa dareen kaca marqaanka uu ku sameeyo maskaxda, taasoo la rumaysan yahay inay masuul ka tahay maaddada loo yaqaan *Cathinone* oo ka mid ah walxaha ay ka kooban tahay caleenta qaadku. *Cathinone*[25] waxa uu leeyahay fal aad u xawaare iyo xoog badan marka la barbardhigo *cathine*, waxaana taa ugu wacan isagoo aad ugu milmi kara dufanka (*lipid*), kaasoo u fududeynaysa inuu gaaro maskaxda[26]. Daraasado farabadan oo la sameeyay ayaa caddaynaya in dareenka maskax qulqulka iyo miyirkaca dhasha marka caleenta qaadka la calaaliyo ay ka mid yihiin awood badan oo qofka u soo baxda iyo firfircooni keenaysa inay xoogeystaan bulsho dhexgalka iyo war-badnida qofka cunaya, isagoo arka inta uu cunayo qaadka raaxo mala-awaal ah. Dareenkan iyo saamayntan waxa ay gaartaa heerka ugu sarraysa inta u dhexaysa 1.5 ilaa 3.5 saacadood ka dib marka uu muqayyilku bilaabo qayilaadda. Waxaana beddela daal, caajis, raaxadarro, xanuun, murugo, niyad jab, hurdo la'aan iyo rabitaanka cuntada oo yaraada[27].

---

23 Eeg Kalix P. Pharmacological properties of the Stimulant khat. Pharmacol Ther 1990; 48: 397–416
24 C/qaadir C/llaahi Cumar (Insi) Qaadku ma maandooriyaa (2008h).
25 P. Pharmacological properties of the Stimulant khat. Pharmacol Ther 1990; 48: 397–41
26 C/qaadir C/llaahi Cumar (Insi) Qaadku ma maandooriyaa (2008i).
27 Hassan NAGM. Gunaid AA, El Khally FMY, Murray-Lyon IM. The effect of Khat chewing leaves on the Human mood. Saudi Med J (2002a); 23(7): 850–853

Sannadihii ugu dambeeyay waxaa batay xanuunno maskaxda ah oo uu keenay qaadku marka si xad dhaaf ah loo isticmaalo. Muuqaallada xanuunnada maskaxda ah ee la arkay waxaa ka mid ah: waalli, argagax iyo xanuunka dhimirka la xariira ee *schizophrenia* loo yaqaan[28]. Taa waxaa sii dheer qaadka cuniddiisu waxay cakirtaa maaraynta dadka maskaxda horey uga xanuunsanaa.

Warbixin hordhac ah oo laga soo saaray baaritaanno lagu sameeyay 65 rag ah oo xanuunno maskaxda la xariira u tegay xarunta daryeelka dadka dhimirka ka xanuunsanaya ee magaalada Sanca[29] —ayaa lagu sheegay in dadka cuna qaadka ee xanuunnadaas qabey ay halis u yihiin in iskudhexyaac ku yimaaddo maskaxda iyo dhaqanka. Iyagoo lagu arkay astaamo welwel ah iyo yaraanshaha natiijo ka soo baxda dawooyinka la siinayo ee dhimirka.

Diraasad kale oo tan la mid ah ayaa iyana waxa ay muujisay caddaymo tan la mid ah, waxa ayna hoosta ka xarriiqday in haddii qofkaa xanuunsanayaa uu ku fashilmo joojinta cunidda qaadka, ay keeni karto dhacdooyin halis ah oo dhimirka ku saabsan, xataa inta uu wado dawooyinka dhimirka. Qofku inuu adkaysi u yeesho *Amphetamine* waxa ay dhacdaa isla marka loo baahdo in la kordhiyo xaddiga qiyaasta dawo (*dose*). Marka la barbardhigo *Amphetamine*, qaadku wuu ka yaryahay nisba ahaan inuu keeno ama sababo waxa loo yaqaan '*tolerance*' ama qabatin. Balse waxa ay isku mid ka yihiin hurdo la'aanta iyo rabitaanka cuntada oo yaraada.

Arrinta ah in qaadka la qabatimo waxaa dib-u-eegis ku

---

[28] Pantelis C, Hindler CG, Taylor JC. Use and abuse of khat (catha edulis): a review of the distribution, pharmacology, side effects and a description of psychosis attributed to khat chewing. Psychol Med 1989; 19: 657–668

[29] Hassan NAGM, Gunaid AA, Ali MS, Shehab MMI. The effects of chewing qat leaves on psychotic patients. The Journal of The Egyptian Society of Pharmacology & Experimental Therapeutics 2003; 23 (1): 179–190.

sameeyay khubarada maandooriyaasha la qabatimo ee Ururka Caafimaadka Adduunka (WHO), waxa ayna ku soo gabagabeeyeen in qaadku sameeyo qabatin maskaxda ah oo joogta ah (*addiction*) kana badan kan jir ahaaneed. Si kastaba ha ahaatee, astaamaha ka dhasha marka qof sannado badan isticmaalayay qaadka joojiyo ayaa ku eg wareer, murugo, gariir gacmaha ah iyo qaraw naxdin leh oo soo noqnoqda[30].

Waxaa kale oo uu qaadku keenaa inay ballaarato isha bu'deedu (*mydriasis*), taasoo socota inta uu qofku cunayo qaadka. Waxayna la jaanqaadaysaa saameynta uu ku sameeyo dhiigga iyo garaaca wadnaha. Cunidda qaadka, waxaa la socda isticmaalka waxyaabo kale, sida sigaarka oo ah caado caan ah oo saamayn ku yeelanaysa astaamaha uu dhaliyo qaadku. Waxaana inta badan la arkaa dad aan caado ahaan sigaar canbin —inay cabbaan sigaarka kolka ay caleenta qaadka afkooda geliyaan. Taasina waa daliilka ugu weyn in qaadku yahay maandooriye aan ka agab yarayn maandooriyayaasha waaweyn ee *cocaine* iyo *heroin*.

Dadka dabeecad ahaan deggan ee hadalka yar, amaba xishoodka badan —marka sunta qaadku dhiiggooda gasho, waxaa lagu arkaa dhaqanno cusub oo ay la yimaaddaan, oo aanan horay looga baran[31]. Hurda la'aanta uu dhaliyo qaadku waa mid soo noq-noqota, waxayna muqayiliinta qaarkood isku dayaan inay kaga adkaadaan iyagoo isticmaala kaniinyo hurdo ama khamri. Warar la helay ayaa sheegaya in dalka Itoobiya ardayda jaamacadaha ay qaadka la isticmaalaan sigaar, khamri, dhuuqista basiinka iyo xabagta ama koollada waxa loo yaqaan.

Saameynta uu qaadku ku leeyahay wadnaha iyo wareegga dhiigga waa meel walwal isa soo tarayaa uu ka imaanayo.

---

30 C/qaadir C/llaahi Cumar (Insi) Qaadku ma maandooriyaa (2008j).
31 Hassan NAGM. Gunaid AA, El Khally FMY, Murray-Lyon IM. The effect of Khat chewing leaves on the Human mood. Saudi Med J 2002; 23(7): 850–853

Cilmi baaris ay sameeyeen khubaro iskaashaday oo u kala dhashay dalalka Ingiriiska iyo Yaman ayey ku caddeeyeen in cunidda qaadku ay keento kor-u-kac ku yimaadda cadaadiska dhiigga iyo heerka garaaca wadnaha. Saamaynta ugu sarraysa ee cadaadiska dhiigga halbowlayaasha iyo garaaca wadnuhu waxay gaartaa 3 saacadood ka dib marka uu qofku bilaabo qayilaadda[32]. Waxaana xiga hoos u dhac ka dib saacad marka uu qaadka tufo. Isbeddelladan isugu jira kor-u-kac iyo hoos-u-dhac ayaa barbar socda isbeddellada ku imaanaya heerka maaddada *cathinone* ee dhiigga inta lagu jiro calaalinta qaadka iyo ka dib[33]. Isbeddello taa la mid ah oo caddaadiska dhiigga ah ayaa laga dheehday tiro yar oo dad ah marki afka laga siiyay kaabsol ka sameysan '*Cathinone*'[34].

Taa ayaana waxay taageero weyn siinaysaa hindisaha ah in maaddadan *cathinone*-ku ay masuul ka tahay kor-u-kaca cadaadiska dhiigga halbowlaha, iyo garaaca wadnaha inta qofku cunayo qaadka.

Qaabka ayaa ah siideynta walxo loo yaqaanno *catecholamines*, sida *noradrenaline* laga sii daayo kaydadka uu ku jiro ee '*presynaptic stores*', taasoo shabbahda kicitaanka uu sameeyo dareen wadka loo yaqaan '*sympathetic nervous system*'. Cunidda qaadku waxa ay wadataa khatar weyn oo uu ku leeyahay wadnaha iyo wareegga dhiigga, gaar ahaan dadka qaba cudurka dhiigkarka iyo cudurrada wadnaha. Waxayna dhalin kartaa inuu dhiig ku furmo maskaxda (*stroke*), ka dib marka ay qarxaan xididdada yaryar ee dhiigga wada ee maskaxda. sidoo kale waxay keeni kartaa in wadnuhu gabo hawshiisa ama qarxo (*myocardial infarction*)[35].

---

[32] C/qaadir C/llaahi Cumar (Insi) Qaadku ma maandooriyaa (200kj).

[33] Halket JM, Karusu Z, Murray-Lyon IM. Plasma cathinone levels following chewing khat leaves (Catha edulis Forsk). J Ethnopharmacol (1995a); 46: 111–113.

[34] Halket JM, Karusu Z, Murray-Lyon IM. Plasma cathinone levels following chewing khat leaves (Catha edulis Forsk). J Ethnopharmacol (1995b); 46: 111–113.

[35] Pantelis C, Hindler CG, Taylor JC. Use and abuse of khat (catha edulis): a review of the distribution,

Sidoo kale, Waxaa ka mid ah waxyeelada aadka loo wada yaqaan ee uu qaadku keeno, kaadida oo aanay xajin karin muqayiliintu, misna aan si fiican u soconayn marka ay kaadinayaan[36]. Waxaana la ogaaday in heerka qulqulka kaadidu ay ku yartahay dadka cuna qaadka. Taana waxaa masuul ka ah *cathinone*-ka oo kicin ku sameeya '*alpha*1 *adrenoreceptors*"-ka ku yaal dhuunta kaadi haysta[37]. Waxaa kale oo uu qaadku waxyeello u geystaa dareenka jinsiga ama kacsiga. Wuxuu kordhiyaa socodka ama shubmidda manida (shahwada) waxaana fashil ku yimaaddaa kicitaanka xubinta taranka ee ragga (*erection*). Balse tani waxay u baahan tahay in diraasad dheeraad ah lagu sameeyo. Dhanka taranka, diraasad dalka Yaman lagu sameeyay 1181 dumar umulayey ayaa lagu caddeeyey in hooyooyinka qayilaa carruurta ay dhalaan ka miisaan yaryihiin kuwa ay dhalaan hooyooyinka aan qayilin[38]. Waxaa kale oo la xaqiijiyey in hooyadu inta ay uurka leedahay cunta qaadka, carruurta ay dhasho ay ku imaan karto waxyeello kale oo ka sii dheer miisaanka sida dhererka iyo wareegga madaxa marka la barbardhigo carruurta kale ee ay dhalaan hooyooyinka aan cunin qaadka inta ay uurka leeyihiin. Dhanka kale hooyooyinka carruurta nuujiya ee cuna qaadka ayaa ka cawda inaaney si wacan carruurta u nuujin karin sababo caano yari la xariira aawadood[39].

---

pharmacology, side effects and a description of psychosis attributed to khat chewing. Psychol Med 1989; 19: 657–668

36 Halket JM, Karusu Z, Murray-Lyon IM. Plasma cathinone levels following chewing khat leaves (Catha edulis Forsk). J Ethnopharmacol (1995c); 46: 111–113.

37 C/qaadir C/llaahi Cumar (Insi) Qaadku ma maandooriyaa (200ll).

38 C/qaadir C/llaahi Cumar (Insi) Qaadku ma maandooriyaa (200lm).

39 C/qaadir C/llaahi Cumar (Insi) Qaadku ma maandooriyaa (200ln).

Qaadka iyo Kansarka (Cancer)

Sidoo kale, waxaa cunista qaadka ee joogtada ah lala xiriiriyaa cudurka halista ah ee kansarka. Maadaama uu qaadka marka la cuno uu marayo dheef shiidka laga soo bilaabo afka ilaa halka ugu dambeysa. Waxaa la sheegaa in kansarka ku dhaca afka (*lower maxilla, buccal mucosa & lateral surface of the tongue*) laga helay 13% bukaanno dawo raadis ahaa oo la baaray magaalada Xudeyda ee Yaman. Intooda badan waxay ahaayeen dad qayilayay in ka badan 20 sano, halka qaarna ahaayeen kuwa cuna buurida ay Carabtu u taqaan '*shamma*'[40].

Maaddada '*tannins*'-ka ee qaadka ku jirtaa waxa ay adkaysaa xuubka jilcan ee afka, cunaha iyo hunguriga. Waana mid keenta kansar (*carcinogenic*). Sida ay qabaan dhaqaatiirta ku takhasustay cudurka dilaaga ah ee kansarka, dadka qaadka isticmaalaa waxay halis weyn ugu jiraan inuu ku dhaco kansarka afka '*mouth cancer*'[41].

Daraasad lagu sameeyay dalka Yaman ayaa muujisay in kansarka ku dhaca caloosha iyo hunguriga laga helay 6% bukaanno gaarayey 3064 bukaan oo lagu baaray qalabka casriga ah ee *endoscopy*-ga loo yaqaan qeybta sare dheefshiidka muddo sanad gudahiis ah[42]. Waxaa kaloo la ogaaday dadka cuna qaadka ama cabba shiishadda, oo isugu jira rag iyo dumarba, ay yihiin kuwa ugu badan ee lala xariiriyay inay qabaan noocyo badan oo ah kansarka ku dhaca halka ay iska galaan caloosha iyo hungurigu[43]. Kansarkan ku dhaca qeybta

---

40 C/qaadir C/llaahi Cumar (Insi) Qaadku ma maandooriyaa (200lo).

41 Thornhill, M., Dayer, M., Lockhart, P., McGurk, M., Shanson, D., Prendergast, B., Chambers, J., Jones, S. and Baddour, L. (2016). Prophylaxis guidelines: Plea to NICE. [online] British Dental Journal. Available at: http://www.nature.com/bdj/journal/v221/n1/full/sj.bdj.2016.470.html [Accessed 22 Dec. 2016].

42 C/qaadir C/llaahi Cumar (Insi) Qaadku ma maandooriyaa (200lq).

43 C/qaadir C/llaahi Cumar (Insi) Qaadku ma maandooriyaa (200lp).

hoose ee hunguriga ayaa lala xariiriyay cunidda qaadka, maadaama uu dib u dhigo faaruqinta caloosha, taasoo keeni karta halista *GERD** iyo *Barret's Esophagus*[44]. Qaadku waxa uu waxyeello gaarsiiyaa xuubka ku dahaaran qeybta sare ee dheefshiidka, ayadoo dadka qayila ay ka cawdaan dheefshiid xumi (*dyspepsia*). Waxaa sidoo kale ku badan dadka qayila boogaha ku dhaca qeybta sare ee mindhicirka (*duodenal ulcers*). Waxaa kale oo halis weyn laga filanayaa in kansarka loo yaqaan '*Adenocarcinoma*' uu ku yimaado caloosha iyo hunguriga 30 ilaa 125 jibbaar[45].

Qaadka iyo cudurada faafa

Sidoo kale waxaa qaadka iyo dadka isticmaalaa lagu eedeeyaa inay door weyn ka ciyaaraan faafinta cudurrada faafa ee la kala qaado. Qaadku waxa uu gacan ka geystaa cudurrada faafa ee ka dhasha nadaafad xumida, waxaana ka mid ah: tiibisho (*Tuberculosis*), cagaarshow, ameba, shuban, daacuun, tiifow iyo kuwo kale oo ku faafa nadaafadda gacmaha iyo cuntada la cunayo oo liidata[46]. Waxaa kale oo uu qaadku saacidaa cudurrada neefmareenka ku dhacaa inay si fudud u faafaan, waayo dadka qayilayaa waxa ay si koox-koox ah ugu barjeeyaan goobo gaar ah, iyagoo daaqadaha u xira. Cudurrada noocaas ku faafa waxaa ugu caansan qaaxada, ifilada iyo hargabka.

---

44 Heymann TD, Bhupulan A, Zuriekat NEK, Bomanji J, Drinkwater C, Giles P. Murray-Lyon IM. Khat chewing delays gastric emptying of a semi-solid meal. Aliment Pharmacol Ther 1995; 9: 81–83

45 Thornhill, M., Dayer, M., Lockhart, P., McGurk, M., Shanson, D., Prendergast, B., Chambers, J., Jones, S. and Baddour, L. (2016). Prophylaxis guidelines: Plea to NICE. [online] British Dental Journal. Available at: http://www.nature.com/bdj/journal/v221/n1/full/sj.bdj.2016.470.html [Accessed 22 Dec. 2016].

46 Journalofinfection.com. (2016). [online] Available at: http://www.journalofinfection.com/article/S0163-4453(16)30334-6/fulltext?rss=yes [Accessed 22 Dec. 2016].

Hoos waxaan kusoo qoray inta la yaqaan diiwaanka magacyada cudurrada lala xiriiriyo isticmaalka qaadka, ee waxyeelleeya dhimirka iyo jidhka banii aadanka. Waxaa laga yaabaa inaan ka tegay qaar badan oo ka mid ah cudurrada uu sababo qaadku. Laakiin dadaalkeyga ku salaysan xog-ururinta la xiriirta cudurrada uu sababo qaadku ayaa intaa ku eg. Insha Allaahu waxaan rajaynayaa inay noo soo baxaan aqoonyahanno ku takhasusay, kuwaas oo si faahfaahsan noogu kala dhig-dhigi doona[47]. Cudurrada uu qaadku sababo inta daraasad cilmi ah lagu sameeyay oo khuburada cilmigu ay soo gudbiyeen waxaa ka mid ah:

Xagga maskaxda
- Hurdo la'aan.
- Madax xanuun joogto ah.
- Welwel (*stress*).
- Hadal badan oo aan micno samaynayn.
- Isku-buuqid (*depression*).
- Garaacidda wadnaha oo korodha.
- Dhiigga oo kara; dhiigkar.
- Madaxa oo dhiig ku furmo.
- Buufis.
- Waalli.

Xagga jidhka
- Laabjeex.
- Saxarada oo qofka qaadka cuna ku dhegta.
- Hunqaaco (matag) badan oo aan la garanayn meeshuu ka yimaaddo.
- Calool xanuun.
- Dhabar xanuun, fadhiga badan aawadeed.

---

[47] Hassan NAGM. Gunaid AA, El Khally FMY, Murray-Lyon IM. The effect of Khat chewing leaves on the Human mood. Saudi Med J(2002c); 23(7): 850–853

GOGOLXAADH

- Miisaanka jidhka oo isdhima.
- Raashin cunista oo xiranta.
- Kaadidhiig.
- Saxarada oo adkaata.
- Cagaarshoow.
- Qabsinnada oo xirma.
- Kelyo xanuun aan caadi ahayn.
- Caanaha naaska oo ku yaraada hooyooyinka qaadka cuna.

Qaadku ma xaaraam baa? Maxay diinteenna suubban ka tidhi qaadka?

Asalka diinteenna wax walba waa xalaal, wax Eebbe xaaraantimeeyey mooyee — oo uu ku soo degay nas ama daliil cad oo shaygaas ama dhaqankaas xaaraantimaynaya[48]. Arrinkaanu waa qaacido sharci ah oo lagu miisaamo xaaraanta iyo xalaasha. Waana qaacido ay isku waafaqsan yihiin jamhuurka (sida ay u badan yihiin) culumada Islaamku. Haddaba, shayga xaaraannimadiisa markii loo waayo daliil sharci ah waxaa loo bandhigaa qaacido labaad oo ah wixii dhib u keenaya shan arrimood inay xaaraan yihiin. Shantaasi waxay kala yihiin: 1) nafta, 2) diinta, 3) caqliga, 4) maalka, iyo 5) sharafka. Su'aashu waxay tahay: isticmaalka qaadku shantaas dhib ma u geystaa? Jawaabtu waa fududdahay oo waa: HAA wuu u geystaa. Haddaba sidee qaadku dhib ugu geystaa shantaas arrimood ee aan kor ku soo xusnay?

Qaadku wuxuu nafta kala dagallamaa xagga caafimaadka. Oo qaadku wuxuu sababo u yahay cudurro badan oo ku dhaca dadka qaadka cuna, ugu dambaynna sabab u

---

48 Ibnu taymiyah (1328) Majmuucatu fataawaa: mualad: 21 boga: 535

noqda dhimashada qofka isticmaala. Caafimaad xumada uu qaadku keeno dib ugu laaban meyno oo waxaan ku soo sharraxnay iyadoo faafaahsan qaybta ka sheekeenaysa caafimaad-darrada uu qaadka keeno (fadlan halkaas ka eeg). Eebbe (SWT) wuxuu suuratul Baqarah ku yiri:

$$\text{وَأَنفِقُوا۟ فِى سَبِيلِ ٱللَّهِ وَلَا تُلْقُوا۟ بِأَيْدِيكُمْ إِلَى ٱلتَّهْلُكَةِ وَأَحْسِنُوٓا۟ إِنَّ ٱللَّهَ يُحِبُّ ٱلْمُحْسِنِينَ}$$

"Ku nafaqeeya waddada Ilaahay gacmihiinana tahluko ha ku tuurina, samahana sameeya, Ilaahay wuxuu jecel yahay kuwa samaha sameeya"[49]

Waxaa kale oo Eebbe yiri:

$$\text{وَلَا تَقْتُلُوٓا۟ أَنفُسَكُمْ إِنَّ ٱللَّهَ كَانَ بِكُمْ رَحِيمًا}$$

"ha dilina nafihiinna, Ilaahay idinka wuu idiin naxayaa"[50]

Aayaadahaan Ilaahay wuxuu innooga digayaa in aynaan nafteenna gacmaheenna ku halligin, oo aynu ka fogaanno wixii nafteenna halligaya. Qaadkuna wuxuu ku jiraa waxyaalaha nafta banii aadanka halliga, sidaan ku soo daraasaynay qaybta caafimaad-darrada qaadka ka sheekeenaysa.

Sidoo kale, haddaan isla eegno qodobka labaad ee ka mid ah shanta shay ee wixii dhibayaa uu xaaraan noqonayo, waa qododbka diinta. Haddaba sidee qaadka diinta u saameeyaa? Waxaan wada ogsoonnahay dadka qaadka cunaa badi cibaadadu waa ku yar tahay oo salaadaha ma tukadaan. Qaar baa laga yaabaa inay tukadaan, laakiin waxay

---

49 Quraan: Suurah Albaqarah aayadda: 195
50 Quraan: Suurah alnisaa' aayadda: 29

tukanayaan iyagoo marqaansan oo sunta qaadku jidhkooda ku jirto. Sidoo kale, salaadaha jameeco kuma tukadaan oo badi way dhaaftaa, taas kaligeed ayaa xaaraantimaynaysa isticmaalka qaadka oo ah inuu dadka cuna salaadda ka mashquuliyo. Ilaahay (SWT) oo ka sheekaynaya waxyaalaha waxyeellada diineed leh wuxuu yiri:

إِنَّمَا يُرِيدُ الشَّيْطَانُ أَن يُوقِعَ بَيْنَكُمُ الْعَدَاوَةَ وَالْبَغْضَاءَ فِي الْخَمْرِ وَالْمَيْسِرِ وَيَصُدَّكُمْ عَن ذِكْرِ اللَّهِ وَعَنِ الصَّلَاةِ فَهَلْ أَنتُم مُّنتَهُونَ

"Sheydaanku wuxuu doonayaa inuu dhexdiinna cadaawad iyo nacayb dhigo isticmaalkiina khamriga iyo qamaarka aawadeed, deedna uu idinka hor istaago xuska Ilaahay iyo salaadda, ee ma tihiin kuwo iska reebaya arrinkaas?"

Ilaahay wuxuu dhammaadka aayaddaan ku sheegaya wixii kaa hor-istaaga cibaadada iyo xuska Ilaahay, iyo sidoo kale wixii kale ee cadaawad iyo nacayb dhex dhigaya umaddu inay yihiin wax xaaraan ah, oo Eebbe uusan raalli ka ahayn. Waxyeellada uu qaadku u geysto caqliga basharka waan ka soo hadalnay, oo qaadku wuxuu caan ku yahay inuu sababo waalli (fadlan eeg, qeybta caafimaad-darrada uu qaadka keeno). Xagga maalka wax allaale iyo wixii maal lagu khasaariyo oo aan nafac ka soo gelayn qofka banii aadanka ahi waa xaraan. Eebbe wuxuu Quraanka ku yiri:

وَآتِ ذَا الْقُرْبَىٰ حَقَّهُ وَالْمِسْكِينَ وَابْنَ السَّبِيلِ وَلَا تُبَذِّرْ تَبْذِيرًا. إِنَّ الْمُبَذِّرِينَ كَانُوا إِخْوَانَ الشَّيَاطِينِ وَكَانَ الشَّيْطَانُ لِرَبِّهِ كَفُورًا [51]

---

51 Quraan: Suurah Al-israa' aayadaha: 26-27

"Sii qaraabada xaqooda iyo masaakiinta iyo musaafirka, hana baatulin baatulid, kuwa baatula waa sheydaanka walaalihiis, sheydaankuna Rabbigii ayuu ku gaaloobay".

Aayadahaan wuxuu Ilaahay innagu waaninaya in aynaan maalka ku ciyaarin, oo aynaan ku khasaarin waxaan nafac lahayn sida barjeynta.

Sidaas si la mid ah, qaadku wuxuu leeyahay sharaf ka dhac, oo qofka cuna wuxuu ka qaadaa xishoodka, dabadeedna wuxuu u qurxiyaa waxyaabaha xun. Qaadku inuu sharfta waxyeello u geysto waxaa daliil u ah sida uu u bahdilo dumarkii xishoodka iyo anshaxa wanaagsan lahaa, oo markay ka ganacsiga qaadka galaan uu geeyo meelba meeshay ka foolxun tahay, iyo dadba dadkay ka liitaan. Sidaas si la mid ah ayuu qaadku u bahdilaa ragga, oo wax qofku uu caadi ahaan ka xishoon lahaa —ayuu marka suntan cagaaran dhiiggiisa gasho wuxuu noqonaya qof ka beddelan qofkii hore. Eebbe (SWT) wuxuu yiri:

$$\text{إِنَّ اللَّهَ يَأْمُرُ بِالْعَدْلِ وَالْإِحْسَانِ وَإِيتَاءِ ذِي الْقُرْبَىٰ وَيَنْهَىٰ عَنِ الْفَحْشَاءِ وَالْمُنكَرِ وَالْبَغْيِ ۚ يَعِظُكُمْ لَعَلَّكُمْ تَذَكَّرُونَ}$$

"Ilaahay wuxuu amray in la sameeyo caddaalad, ixsaan iyo wax la siiyo qaraabada; Ilaahay wuxuu reebay fuxshiga, munkarka iyo xadgudubka, laga yaabee inaad ku waantowdaan".

Waxaa dhacda in ay isla barjeeyaan rag iyo dumar aan xalaal isku ahayn, waxaana dhici karta in arrinkaasi uu horseedo sino halkaasna ay ku abuurmaan carruur aan meher ku dhalan. Udgoonihii Ergaygii Ilaahay (NNKH) waxaa laga weriyay inuu yiri:

عَنْ ابْنِ عُمَرَ قَالَ سَمِعْتُ النَّبِيَّ صَلَّى اللَّهُ عَلَيْهِ وَسَلَّمَ يَقُولُ "كُلُّ مُسْكِرٍ حَرَامٌ."

Ibnu Cumar wuxuu yiri waxaan maqlay Nebiga (SCW) oo oranaya "wax walba oo maanka dooriyaa waa xaaraan"[52]

Gunaanad

Waxaan soo gogolxaadhnay buuggaan ku saleysan khibrad shaqsiyadeed ee soo martay oo uu ku soo noolaaday qoraaga buuggaan, Mudane Abuukar Cawaale. Khibraddaas oo ku saabsan muddadii uu qoraagu qayili jirey, iyo dhibaatadii uu kala kulmay barjaynta. Sidoo kale, qoraagu wuxuu ka sheekaynayaa halgankii dheeraa uu u galay in qaadka laga joojiyey dalka Ingiriiska.

Gogolxaadhkan waxaan ku soo qaatay oo aan ku qeexay waxa cilmiga iyo culumada ka yiraahdeen wuxuu qaad yahay, iyo dhibaataduu leeyahay. Shareecada islaamku maxay ka tidhi barjeynta? Haddaba anigoon ku dheeraan, akhristayaal waxaan idinku soo dhoweynayaa inaad ku raaxeysataan akhrinta buuggaan.

Buuggaan waa mid idiin kordhin doona aqoon iyo waayo aragnimo. Waa mid idinka oohin doona, oo haddana isla waqtigaas idinka qoslin doona. Waxaanna rajeynayaa in buuggaani idiin kordhiyo aqoon iyo waaya-aragnimo dheeraad ah.

Cabdicasiis Carab

---

52 Sunan Altirmidi: Xadiis lambar: 1864

HORDHAC

Buuggaani ma aha buuggii ugu horreeyey ee laga qoro qaadka iyo waxyeellooyinka uu bulshada u geystay. Laakiin, waxa uu buugaagta kale kaga duwan yahay waa inuu ka kooban yahay dhibaatada qaadku uu shakhsiyan ii geystay iyo sidaan aakhirkii uga guuleystay. Waxaa kale oo uu buugaagta kale kaga duwan yahay wuxuu ka sheekaynayaa ololihii qaadka lagaga joojinayey dalka Ingiriiska iyo guushii laga gaarey.

Buuggani wuxuu si aad u furan una hufan oo daacadnimo ku salaysan u soo bandhigayaa dhibaatadii i soo martay waayihii aan maandooriyaha qaadka isticmaali jirey, iyo dhibaatooyinkii aan ka soo maray isticmaalka mukhaadaraadka qaadka. Waxaan kaga sheekaynayaa wixii shakhsiyan aan kala kulmay maandooriyaha qaadka, iyo waxyaabihii igu dhaliyay inaan isticmaalka daroogada qaadka iska joojiyo. Waxaa kale oo buuggaani kaaga sheekayn doonaa sababihii igu dhaliyay inaan bilaabo halganka dheer ee tobonka sano qaatay ee aan ugu ololeeyay sidii qaadka looga joojin lahaa dalka Ingiriiska.

Buuggu waxaa kale oo uu soo bandhigayaa caqabadihii ka horyimid halgankii dheeraa ee ololaha Qaaddiid. Wuxuu tilmaamayaa oo dhiirrigelinayaa inuusan qofku marnaba ka quusan hiigsiga himiladiisa, caqabad walba oo soo foodsaartana uu ku wejeho dhiirranaan iyo dhabar adayg, isagoo muujinaya dadaal dheeraad ah, Ilaahayna talada saaranaya.

Cutubka koowaad ee buugga waxaan kaga hadlayaa oo kaga sheekeenayaa markaan waddankaan Ingiriiska imid. Xilligaas oo aan ahaa nin dhalinyaro ah oo xambaarsanaa himilooyin iyo riyooyin badan oo aan ka damacsanaa inaan noloshayda ka xaqiijiyo. Nasiibdarro waxaan noloshayda cusub ee dalkaan Ingiriiska ka bilaabay meel kharriban oo ahayd marfish iyo isticmaalka maandooriyaha qaadka. Ilaa aan noqday nin ku tiirsan maandooriyahaas, oo noloshiisa ay ku hareeraysan tahay qayilaad galab iyo habeen oo dhan iyo hurdo maalin oo dhan. Taas oo si tartiib ah iga dhigtay shaqsi inuu cid kale waxtaro iska dhaafe aan isagu xittaa naftiisa meel ku ogayn. Waxaan saaxiibbo la ahaa dad iyaguna dhibka i haysta iyo mid ka badani uu haysto. Soomaalidu waxay horay ugu maahmaahday 'laba qaawan isma qaaddo' waana sidaa oo kale haddii dadka aad saaxiibbada la tahay iyo adiguba aad u afduuban tihiin isticmaalka qaadka.

Sidaan u dhex dabaalanayey khatarahaas ayaa ugu danbayn ay igu dhacday lamahuraantii. Sabatoo ah haddaad ku dhex jirtid dad aan maskax ahaan degegnayn oo isku buuqsan waxa ugu yar ee kaa soo gaari karaa waa in lagu buga-bugeeyo. Taasna, waa tan igu dhacday markii wiil uu qaadku maskaxda kala tagey uu ila dhacay toorreydii barakaysnayd!

Cutubka 3aad waxaan kaga hadlayaa go'aankaygii aan habeenkii isbitaalka ku jirey go'aansaday inaan qaadka iyo hawlihiisa gebi ahaanba faraha ka laabto. Alxamdulillaah, waxaan ku guuleystay inaan qaadka iska joojiyo, cagtana aan saaro waddadii guusha oo ah tan ay maanta hoos harsanayaan kumannaan qoys oo Soomaali ah oo dhibaatada aan ku qabey qaadka ku qabey. Taasina waa Ilaahay mahaddiis.

Cutubka 4aad waxaan kaga hadlayaa bilowgii ololaha la dagaalalnka qaadka, mise waxaan niraahnaa ololaha joojinta qaadka? Si kastaba ha ahaatee, cutubyadaa 5aad, 6aad iyo

GOGOLXAADH

7aadba waxaan kaga hadlayaa habsami u socodkii ololaha iyo caqabadihii naga horyimid. Akhristayaal ma doonayo inaan nuxurka raaxada akhriska idinka qaado. Waxaan isaga kiin dhex baxayaa idinka iyo buugga, waxaanna idiin rajeynayaa inaad wax ka faa'iiddaan.

Abuukar Cawaale

MAALMIHII MUGDIGA IYO MARQAANKA QAADKA

Taariikhdu waxay ahayd bishii toddobaad ee sannadkii 1997kii. Waxaan ahaa nin dhalinyaro ah oo hiigsanayay himilo nololeed. Waxay ahayd maalin rayn-rayn iyo farxad wadatay, oo waxaa ii suuragashay arrin aan ku haminayay muddo dheer oo aan is oran jiray alloow yaa mar halkaas gaara. Diyaaraddii i sidday waxay cagaha soo dhigatay garoonka diyaaradaha ee magaalada London. Waxaa halkaa iigu diyaar ahaa oo iigu yimid rag aan qaraabo nahay oo aannaan muddo dheer is arag. Farxad, qosol iyo ismarxabbayn kaddib waxaan soo raacay gaari ay wateen raggii aan qaraabada ahayn ee iga soo doonay garoonka diyaaradaha. Waxaan usoo ruqaansannay dhinacii xaafadda ay magaalada ka degganayeen oo dhacda bariga magaalada London. Waxaa iga dhex guuxaya riyooyin badan oo aan muddo dheer tiigsanayay. Waxaan eeg eegayaa geesaha waddada oo waxaan la dayaansanahay quruxda iyo dhismayaasha magaalada London.

Mid ka mid ah raggii aan isla soconay ayaa igu yiri hoo walaalle, isagoo iisoo taagay laamo qaad ah oo cagaaran. Ka ma aanan diidin e, waan ka qaatay, waana meeshaas meesha ay ka bilaabatay qisada nacaybka iyo jacaylka ku dhisan ee na dhex martay aniga iyo Qaad. Isagana afkaa u buuxa, oo wuu qayilayaa aniguna si deg-deg ah ayaa aan afka u geliyey, aniga oo aan ka fekerin qaadka iyo amuurihiisa midnaba. Sheeko aan kalago' lahayn iyo kaftan badan kaddib waxaanu goor danbe gaarnay xaafaddii aan martida u ahaa anigoo weli raamsanaya laamihii qaadka ahaa. Habeenkaasi wuxuu ahaa habeen aan xaafadda laga seexan, oo waxaa nala tagay marqaanka iyo sheekada. Waagu markuu soo dillaaci rabay ayaa aan isku tuuray sariir loogu talo galay martida oo la ii diyaariyey.

Goor barqo dheer ah ayaa aan soo toosay. Waxaan dareemayay sidii qof xalay oo dhan budh lagu garaacayay. Waxaan lasoo kacay lafo xanuun, madax xanuun, iyo wahsi badan oo aanan garanayn meel uu iiga yimid. Ismaba ogi anigaa naftayda garaacay oo sun siiyay. Intaas waxaa ii dheeraa afkii iyo carrabkii oo i xanuunaya oo xanaf leh, ayaa aan sidoo kale lasoo kacay. Mar ay amintu tahay duhur danbe —ayaa aan soo toosiyey wiilkii aan martida u ahaa oo aan iri war meesha aan ka kacno ee inna keena aan magaalada u qado doonannee. Xoogaa cagajiid ah kaddib, goor casar gaabadkii ah ayaa aan guriga kasoo baxnay oo waxaan soo beegsannay maqaayad raashin Soomaali laga helo, oo aan ka fogeyn xaafaddii aan kusoo degay. Waanu qadaynay oo cunnay dayibaadkii Eebbe (SWT) ugu tala-galay banii aadanka ee hilib iyo bariis. Qado kaddib, wuxuu walaalkay igu yiri inna keen aan qolka kore eegnee, haddaanu qolka sare isa sii taagnay mise meeshuu ii wadaa waa marfish. Waa markii iigu horraysay ee aan marfish arko.

Waa qol yar, qiyaastii 2x3 mitir, oo ay fadhiyaan rag gaaraya 20 haddii aysan ka badnayn. Waa goob nadaafaddeedu ay aad u liidato. Buuqa, sawaxanka iyo qayladu waxay marayaan cirka. Waxaad u malaynaysaa inaad soo gashay garoon kubbadda lagu ciyaaro oo ay ku jiraan 50,000 oo qof. Sheekadu waxay ka socotaa dhinac walba, oo qof walba wuu sheekeenayaa oo haddana qof qof dhegeysanayaa ma jiro! Waxaad arkaysaa laba qof oo aan cidna u dhexayn oo labadooduba ay qaylinayaan iyagoo isu haysta inay sheekaysanayaan. Anigoo aad u saluugsan ayaa lagu yiri raggii meesha fadhiyey "war u banneeya martida ninkaan waa Cumar walaalkiise." Si fiican ayaa la iisoo dhoweeyey meel laba nin dhexdooda ahna soo fariisaa la i yiri. Durbadiiba ninkii meesha gadayey ayaa si degdeg ah anigoon salka si fiican u dhigin hortayda kusoo tuuray labo marduuf oo qaad ah. "Koob uu ku shaaheeyo siiya" ayaa dhinacayga ka yeertay.

Waxaa carrabkayga iyo afkayga ka baxaya ololkii iyo cabeebkii uu igu reebay qaadkii aan xalay cunay. Waxaan dhibsanayaa inaan qori danbe oo qaad ah afkayga geliyo. Labadii marduuf sidii bay hortayda u yaalleen oo far uma dhaqaajin. Qaddar 5 daqiiqo ah kaddib, ayuu walaalkay dareemay in aanan qaadkii weli bilaabin oo si u kadeedanahay. Intuu isoo eegay ayuu yiri "qayil dee, qayil". Waxaan iri walaale bal ii yara kaadi waan cabeebsanahay afkaba wax magelin karee.

Intuusan hadalku afkayga ka dhammaan ayaa Cabdiweli oo ahaa muqayil weyn oo aan qaraabo nahay yiri "walaalle biloow labada laamood ee u horreeya markaad qaniintid xanuunka iyo caajiska ku haya oo dhani wuu kaa kici." Dhankayga midig nin kale oo la yiraahdo Caanonuug oo kaftan badnaa ayaa yiri "war kani waa ciyaal maamee! war iskululee." Waxaan dareemayey in culays la igu saarayey inaan qaylo. Waxaanse saluugsanaa fadhiga ciriiriga ah, meesha buuqa badan iyo raggaan sheekooyinka waalan ka sheekaynaya. Intaa waxaa ii dheeraa meesha oo nadaafaddeedu aad u liidatay.

Waxaan is iri allaylahe raggaagaad wax laqabtaaye bal maanta qayil si uun baa ay noqone. Waxaan bilaabay inaan laamihii qaadka ahaa iyo koobkii shaaha ahaa labada gacmood ku kala qabsado. Nin meel iga soo horjeedda fadhiyey ayaa ishaydu qabatay isagoo suulka ii taagaya oo macneheedu yahay waad saxan tahaye halkaas kawad. Maalinkaas ilaa 10kii habeennimo meeshaas ayaan fadhiyay.

Toddobo maalmood oo aan kalago' lahayn ayaan saas ku jiray. Waan soo toosaa, waxaa la iisoo gelbiyaa marfishka, waxaanna ka hoydaa xillii danbe. Usbuucaas sidaas ayay ahayd noloshaydu. Waxaan bartay waddada marfishka iyo guriga u dhaxaysa, waxaanna bilaabay aniga oo aan cidna isoo qalqaalin inaan keligay soo arooro oo aan soo beegsado qaadkaygii. Marfishka iyo maqaayadda is-kor-saaran waxaan ka noqday macmiil weyn oo la yaqaan waxaanna ku daaqaa magaca walaalkay iyo xoogaa lacaga oo aan waddanka lasoo galay. Waxaan kusii socdaa god madow oo sida lagu galaa fududdahay, laakiin sida looga soo baxaa ay aad u adag tahay.

Dabeecaddaydu waxay noqotay nin maalinka nuskeed hurda galabkii iyo habeenkii oo dhanna qaadka daaqa. Waxaan ku fekeray inaan waddankan aan ku cusbahay iska dhiibo oo aan dowladda weydiisto aqoonsasho qaxooti. Ilaahay amarkiis inta xafiisyadu furan yihiin arrintaasi maskaxdayda kuma soo dhacdo e, waxaan soo xasuustaa uun marka marqaanku i gaaro fiidkii inaan u baahanahay in aan tallaabo qaado si aan u helo sharci. Walaalkay markaan weydiiyana wuxuu inta badan iigu jawaabi jiray "ha welwelin walaalle, arrintaan waan dhammaynaynaa toddobaadkan gudahiisa."

Toddobaadyadii waxay isu beddeleen bilo, waxaana aan ugu danbeyntii ku guuleystay in la ii kaxeeyo wasaaradda arrimaha gudaha xafiiskeeda oo ahaa goobta la iska dhiibo. Runtii si fudud uma aysan suurto gelin. Annagoo habeen qayilayna ayaa aan walaalkay ku iri "walaaloow sida ii dhaan oo iga dhammee howshaan." Habeenkaas si aad mooddo inay markan ka dhab tahay ayuu igu yiri "walaalle beri aroortii ayaan ku kallahaynaa, caawana seexasho majirto." Wuxuu sii raaciyay, "innagoo sideenna usoo jeedna ayaa aan aadaynaa waagu goortuu beryo, waayo adba waad ogtahay oo haddaan seexano ma toosi karno aroortii." Anigoo u garaabaya dareensanna waxa uu sheegayo inay run yihiin oo aan subixii xaafaddaba laga toosin ayaa aan iri "waayahay walaalle waad mahadsan tahay."

Aroortii danbe, anigoo sidii usoo jeeda, oo gebigeyguba is-daba-marsan ayaa waxaa la i geeyey wasaaradda arrimaha gudaha xafiiskeeda qaabila dadka qaxootiga ah. Markii cabbaar la i waraystayna, waxaa farta la iga soo saaray warqad ay ku qoran tahay dowladda Ingiriisku waxay ka fekeraysaa in la ii aqoonsado qaxooti, inta ka horaysana mashaqayn kartid, xaq uma lihid in waxbarasho lagaa bixiyo, iwm. Warqaddaas Soomaalidu waxay u taqaanaa '*Madhacdo*' oo waa warqad aad iska haysan kartid sannado badan inta lagaa siinayo sharci.

Waxaan maalinkaas wixii ka danbeeyey iska sii watay qayilaaddaydii anigoo niyadda ku dhisanaya sharci baad heli doontaa oo waad shaqaysan doontaa, raggana adaa ugu sarayn doona. Waxaan naftayda ku maaweelin jiray inaan hada ku qasbanahay inta aan sharcigayga sugayo inaan raggayga iskaga dhex jiro. Waayo, hadda saaxiibbo kale oo aan aqaannaa maba jiraan, aan ka ahayn muqayiliinta bariga magaalada London. Mararka qaarkood waxaan weydiin jirey asxaabtayda aan marqaanka ku walaalownay inta ay qaadato inaan sharci helo. Waxaana la iigu jawaabi jirey "war wuu iska imaan doonaa ee iska qayil, hebel iyo hebel oo kaa soo horreeyeyba weli wax jawaab ah faro kuma hayaane." Waayuhu way isbeddelayaan muuqaalkayga iyo dabeecaddayduna waxay la socdaan waayaha iyo marxalad nololeedka aan markaas ku sugnaa oo aan ahayn kuwo qurux badan. Waxaan noqday nin iska caajis ah, oo wahsi badan, oo weliba dabeecad xun dunidana u caraysan.

Ilaahay isagaa wax walba dadkiisa u qaddara oo saamaha u haya. Waxaan isbarannay xaaskayga, boqoradayda, shanteyda ilmood hooyadood. Waxaan anigu ula baxay 'Dejiya'. Dejiya waxay ahayd gabadh asturan oo ehlu diin ah oo aad iyo aad aan ula dhacay. Shukaansi dheer dabadeed waxaa Ilaahay ii fududeeyey inaan guursado gabadhii aan calmaday. Dejiya waxay ahayd gabar samir badan oo si qaboow wax iigu sheegta. Dejiya way igu ogeeyd inaan balwadda qaadka leeyahay waxayna had iyo goor igu waanin jirtay "walaal haddaadan joojinayn qaadka, iska yaree oo fiidkii iska seexo." Waxaan aaminsanahay guurka aan guursaday Dejiya wuxuu ahaa tallaabadii ugu fiicnayd ee aan noloshayda qaado. Haddii ay isu kay heli lahaayeen qaadka iyo aniga oo aan Dejiya calfan; runtii noloshu way adkaan lahayd waagaas.

Waayaha adduunku way is-daba-socdaane, waxaan sii watey howlahaygii qayilaadda. Waxaanse helay wehel ijafjafa oo i garab taagan, waxaanna raadsaday talo sidii aan shaqo ku heli lahaa maadaama aan hadda ahay nin xaas ah oo reer sugayo. Meesha aan talada ka raadsanayo iyo ragga aan talada weydiisanayaa waa saaxiibbadaydii marqaansanaa iyo marfishkii saldhigga ii ahaa. Habeenkaas anigoo faraxsan ayaa markaan gurigayii u hoyday waxaan Dejiya usheegay in khayr badani soo socdo oo aan dhowaan shaqo bilaabi doono. "Hawraarsan, Xaaji. Waa khayr iyo shaqo qayr qabta Allaha nooga dhigo" ayey Dejiya si qaboow iigu jawaabtay.

TAGSIGII AAN WADEY IYO SHARCIGA INGIRIISKA

Waditaanka tagsiga waxaan ka helay xoogaa lacag ah oo aan badankeeda ku bixin jirey cunista qaadka iyo howlaha kale ee marqaanku wato. Wixii intaas kasoo hara, ayaa aan reerka u geyn jirey. Runtii shaqadani ma aysan ahayn shaqo lagu tashan karo oo mustaqbal fog leh. Balse aniga markaas waxaa ii caddaa sanuuddan aan sida fudud igu soo galeysa iyo inaan marfishka ka ahaado atoore laga danbeeyo, oo gacan furan, oo ragga kale qayilsiiya maalinkay xaaladdu ku xun tahay. Waxaan marfishka ku lahaa goob aan fariisto albaabka markaan kasoo galana ninka marfishka haysta ayaa salaan iyo soodhoweyn kaddib oran jirey war odayga u banneeya booskiisa. Biyo iyo tarmuuskii qaanjeerta lahaana waa la isoo ag dhigi jiray. Waxaan hal aroor ah waayey shaqadii yarayd ee aan nolol maalmeedkayga kasoo saaran jiray, shaqaale dhimis la sameeyay aawadeed.

Waxaa igu beryey waa cusub. Waxaan aroor qudha waayey shaqadii yarayd ee aan naftaan qaadka cunta ku maaweelin jirey. Waxaan bilaabay inaan noqdo nin adduunka u xanaaqsan oo carada iyo dagaalkuna kasoo horreeyaan. Waxaa hoos u dhacay hankaygii, waxaanna noqday nin aan isku kalsoonayn. Waxaan isu arkay inaan asaaggay ka haray oo aan ahay ninka ragga ugu liita. Waxaan ciddii isoo eegtaba u haystay inay xaaladdayda ka war qabaan oo ay igu jeesjeesayaan. Waxaan bilaabay inaan dadka ku iraahdo "maxaad iga eegeeysaa? Waan ogahay waxaad u dan leedahay"... iyo sheekooyinkii shakiga faraha badan watey ee uu keeno qaadku. Har iyo habeen waxaan hiifi jirey naftayda waxaanna isu arki jirey nin nolosha ka dhacay inaan ahay. Waxaanna wehel ka dhigan jirey cunista qaadka oo inta aan marqaansanahay aan sheeko xariir naftayda ugu sheekeyn jirey. Berrito ayaad yeeli iyo saadambaad samayn doontaa baan halqabsi ka dhigtay. Waxaa batay dagaalkii aniga iyo asxaabtayda qaadka. Meesha marfishka la yiraahdo ma aha meel la isugu turo, ama la isku xushmeeyo. Haddii aan beri marfishka atoore ka ahaan jirey, iminka waxaan ka mid ahay ragga ugu jeebka liita. Kaftanka iyo in sheekadayda la dhegeystana xaqba uma lihi, boos la iiga kacana warkiisaba daa.

Xaalku markuu halkaas marayo, waxaan bilaabay inaan ku hamiyo inaan maalin uun qaadka iska daayo. Waxaan garowsaday waxa meeshaas i dhigay inuu yahay qaad. Ilaahay mahaddiis waxaan haystay caymis garabkayga taagan habeen iyo maalin; waa 'Dejiya' –khayr Alle ha siiyee– oo si dhow iyo si fogba iila hadli jirtay oo oran jirtey "walaaloow waad qayirantay, oo qaadku wuu ku qarribay ee iskadaa." Waxaanna mar walba ugu jawaabi jirey "waan iska dayndoonaa Insha Allaah." Markaan xaaladdaydu waxay kasii degaysaa meel adag, haddaan waayo ahaan jirey wiil firfircoon hadda waxaan ahay nin wahsi badan. Haddaan waayo ahaan jirey nin farxaana oo kaftan badan, hadda waxaa iga soo haray caro iyo ciil joogto ah. Waxaa dumey hankii weynaa iyo kalsoonidii aan xisaabta lahayn ee aan beri lahaan jirey. Waxaa tagtay kalsoonidii aan naftayda ku qabey, waxaanna aaminay in qabkii iga jabay.

Ilaahay baa saamaha haya oo axwaasha gedgeddiyee, waxaan waddadaas qodxaha leh hayaba, iyadoo beryahaasba aan dabeecad u yeeshay inaan ninkii hadal aan dhibsado igu yiraahdaba gacan u qaado, dhowr jeer oo horena aan rag madaxa jebiyey, dhowr kalena dhinacayga dhulka la dhigay, ayaa waa ta Soomaalidu ku maahmaahda '*wiil iswaalaaba waabiyaa hela*' e, maalin maalmaha ka mid ah waxaan foodda isdarnay wiil kale oo ka mid ahaa raggii qaadku faraha kulul ku hayey. Wuxuu guntiga kala soo baxay tooreey wuxuuna igu dhuftay dhaawacyo culculus oo naftayda halis weyn geliyey.

TOORREYDII KHAYRKA QABTAY

Akhriste waxaa laga yaabaa inaad isweydiiso maxaa toorrey ama middi iyo khayr iska galay? Aan kuu sharraxee, akhristoow toorreydaani waxay ahayd mid dawo wadatay. Waxaan hadda markaan dib u fiiriyo oran karaa Ilaahay-subxaanahuu watacaalaa- ayaa xigmad weyn ka watay. Markii afarta nabar igu dhaceen oo korkaygoo dhan dhiig isqabsaday. Waxaan ku dhacay dhulka waxaana si degdega iisoo gaaray gurmadka degdegga ah ee magaalada London. Waxaa la isaaray *ambalaas*, waxaana la iila cararay isbitaalka. Xilligaas waxaa weli afka iigu jira qaad aan ilaa xalay cunayey, wejigeyganaxaa ka muuqda daal farabadan. Anigoo dhan waxaan u ekahay qof aan naftiisa daryeelin oo waayaha adduunku dharbaaxo kala daaleen.

Waxaa la i keenay isbitaalkii, waxaana isugu kay yimid dhowr dhaqtar oo ku dedaalaya inay naftayda badbaadiyaan. Korkayga oo dhan waa wada dhiig oo aad ayaa aan u dhiig baxay, afkayguna waa cagaar oo waxaa weli waxaa afka iiga buuxa qaadkii aan cunayay markii mindida la ila dhacay. Xaaladdayda caafimaaad waxay ahayd mid aad u liidata, waxaana iga baxaya dhiig farabadan. Markii horana, malaha dhiiggu waa igu yaraa oo waxaan ahaa nin habeenkii oo dhan qaadka daaqa. Hurdada, nasashada iyo cunitaanka qudaartuna ku yar tahay. Waxay dhaqaatiirtu bilaabeen inay fiiriyaan sida wax ii gaareen. Dhowr meelood oo toorreydu iiga dhacday ayaa la iga toltolay. Xilliga dhaqaatiirtu gacanta igu hayaan maskaxdayda waxaa ka dhex guuxaya fikrado tiro badan. Mar waxaan ku taamayaa allaylehe wa inaad ninkaas ka aarsataa. Mar waxaan isleeyahay shalaaytadaydiyeey masaanaa ii danbeysay? Mar-marna waxaan is leeyahay toloow dhaqaatiirtaanu si fiican makuu dawayn doonaan? mise waxay isdhihi doonaan kani bar caaqibo ah malahee iska daaya.

Allaah baa mahad oo dhan iska lehe, waxaan ka badbaadey dhaawicii uu isoo gaarsiiyey walaalkaygii aan qaadka isku barannay. Waxaa la iga tolay nabarradii i gaaray waxaana la iga dhayay dhaawicii. Waxaa la i siiyay dawooyin, waxaana la i seexiyey qol ka mid ah qololka isbitaalaka oo ay jiifeen dad kaloo dhaawacyo qaba, siday doonaanba ha ku soo gaaraane. Maalinkaas, waxay ii ahayd maalin madoow. Waxaan dareemayay inaan nolosha ku fashilmay, waxaan dareemayay inaan ahay mid aan rajo badan lahayn. Wax walbana waxaan ku eedeynayey qaadkii aan muddada dheer cunayey. Waxaan aaminsanaa ilaah baa qoray wixii dhacay, laakiin inaanan meeshaan maanta jiifo iyo isbitaalka aan aallo aanan joogeen, dhaawacna isoo gaareen haddii aanan qaadka cuni lahayn. Ma isbaranneen ninka toorreyda ila dhacay haddii aanan qaadka cuniddiisa iyo marfishkii inkaarta qabay isku baraneen.

Waxaa muddo kaddib isoo gaartay oo isbitaalka iigu timid xaaskeygii Dejiya oo aan wejigeeda ka dheehanayay murugo farabadan. Waxay ii sidday dhar aan xirto oo aan isaga baddelo dharkii dhiigga lahaa. Waxay kaloo ii wadday cabitaan iyo qudaar. Bariido iyo salaan kaddib, waxaan eegayaa hoos waxaan ogahay inaysan xaaskaygu igu qab weyneyn. Waxaan ogahay inay isleedahay meesha nin kuma haysid, waase carruurta aabbahoode Ilaahow sahal amuuraha. Waa Dejiya iyo sidii aan ku aqiinnay oo aan ku jeclaaye iguma aysan oran "maxaa sidaan kuu galay" iyo hadal xanaf lehe, waxay igu tiri "Ilaahoow sidaan si dhaanta inoo yeel. Walaaloow hadda carruurtii maxaan usheegaa?" Afkii baa juuqda i gabay! Wax aan ugu jawaabana ma aqoon runtii.

Habeenkaas waxaan u hoyday isbitaalka, dhaawaca igu yaal iyo nabarrada igu dhacayna, waxaa iiga xanuun badnaa dhaawaca qalbigeyga ku yaalla. Taaha iyo oohinta iga yeeraysay ma ahayn xanuunka toorreyda igu dhacday; ee wuxuu ahaa ciil iyo caro badan oo naftayda aan u qabay. Waxaa maskaxdayda kasii guuxaya hadalkii Dejiya igu tiri oo ahaa hadda maxaan caruurta usheegaa?! Ma waxay u sheegi doontaa runta? oo waxay oran doontaa aabbihiin waa nin daroogada qaadku dilootay waxayna isdagaaleen nin kale oo daroogada qaadka cuna, waxayna isku dagaaleen daroogada qaadka. Sidaas ayuuna aabihiin isbitaalka u yaallaa, sababtoo ah isagoo marqaansan ayey mid kaloo mirqaansan isdirireen aabbihiinna waxaa lagu dhuftay dhowr toorreey. Waxaan niyadda iska weydiinaya, toloow Dejiya miyey ii ceeb asturi doontaa? Oo waxay carruurta ku oran doontaa aabbe shil gaari buu galaoyo birihii gaariga ayaa muday. Waxaan nafteyda weydiinayaa aabbe nooceeya ayaan ahay? Wiilkayga tusaale kudayasho mudan ma u ahay? Sidan hadaan kusii jiro xaggee waddadaan madoow i geyn doontaa?

Alla habeenku dheeraa!

Inkastoo aan laba-soo-jeed ahaa oo aan in ka badan 24

saacadood qaad cunayey intaan dhaawacu igaarin. Laakiin dhiig badan ayaa iga baxay, tabar yari iyo daal badanina waa ii dheeraayeen. Haddana habeenkaas naftu way diidday inay labo indhood isu geyso. Waxaan isweydiinayay su'aalo dhab ah; maxaa laguu abuuray sidaadaba? Horta maxaa halkaan ku dhigay? maxaa igu dhacay? Meeyay wiilkii fariidka ahaan jirey? Maxaa middaan kuu xigi doona? waxaan raadinayay inaan u helo jawaabo aan naftaan ku qanciyo. Waxaan garoowsaday wax walboo isoo gaaray iyo dib-u-dhaca nolosheyda ku yimid oo dhan inuu masuul ka yahay cunista geedkaan baas ee qaadka. Waxaan naftayda u sheegay midka asaagay iga reebay, midka hankaygii dumiyey, midka kalsoonidii iga qaaday, midka farxaddii iga suuliyey, midka aan ka shaqaysan waayey, midka dhaawacaan isoo gaarsiiyey, midka maanta meeshaan i dhigey inuu yahay qaadka.

Waxaa ii muuqatay inaan aniga iyo qaad cunis kala dhimanay. Waxaan arkayay habeenkaas in xalka qudha ama albaabka keliya ee ii furan uu yahay inaan gebi ahaanba joojiyo cunista qaadka. Waayo, waxaan gartay in aanan qaad cuni jirinee; ee qaadku isagu i cuni jirey. Si kale haddaan u dhigo, qaadku isagaa igu raaxaysan jiray ee anigu kuma raaaeysan jirin. Dhiiggeyga, dheecaankayga iyo dhaqaalahayga ayuu qaadan jiray bahalka baasi. Anigana wuxuu iisoo taagi jiray, hurdo la'aan, caafimaad xumo, dhaqaale la'aan, reer la'aan oo waqtigii aan xaaskeyga iyo carruurtayda la qaadan lahaa ayuu iga qaadan jiray.

Ilaahay bay mahad oo dhan u sugnaatay. Waxaa halmar maskaxdayda kusoo dhacday horta inaan Ilaahey kaashado. Waxaan si degdeg ah uga soo degay sariirtii aan saarnaa. Waxaan qaatay saabuun, caday iyo dhar nadiifa oo Dejiya ii keentay. Waxaan aaday musqusha waxaanna bilaabay inaan qubeysto oo aan weyseysto. Xilligu waa habeen barkii salaaddii cishe waa tagtay salaadii subaxna lama gaarin, waxaanse go'aansaday inaan tukado oo aan Ilaahay baryo. Markaan isa soo daahiriyay oo aan soo weyseystay ayaa aan waxaan raadiyey qolka lagu tukado. Meeshu waa London masaajidka isbitaalka ku dhexyaal masaajid looguma yeero ee waxaa loogu yeeraa 'Qolka Tukashada' oo cid walba iyo diin walba ayaa loogu talagalay. Masjidka waxaan ku arkayay nin cadaan ah iyo nin Hindi ah oo dhex fadhiya halkaas horteydaana waxaan uga jeeday nin madoow oo jeego-jeego u yaalla indhahana kala haya. Waxay iila muuqdeen rag waayaha noloshu meesha isugu kaaya keeneen. Inkastoo aanan hubin inaan isku diin nahay, haddana waxaan islahaa kolleey raggaanina waxay baryayaan Ilaahay magacay doonaan ha ugu yeeraane. Salaad la isku xirto xilligeed lama joogo, una malayn maayo inay nimankaan isku si u takanayaan, haddana waxaan is iri bal baroobee waxaa laga yaabaa inay iyaguba Muslim yihiine. Markaasaan anoo codkayga xoogaa kor u qaadaya waxaan iri "*Salaama caleykum*" markaan waayey wax ii jawaaba, ayaa aan gartay inaan saxsanaa oo aanaan nimankaan isku qolo ahayn. Waxaanna xirtay salaaddaydii. Waxaan tukaday laba rakcadood oo sunne ah; inkastoo run ahaantii salaaddii faralka ahayd beryahaan danbeba anaan tukan, haddana waxaan is'iri salaad subax lama gaarinee sunnahaaga tuko.

Waan tukaday– alxamdulilaah– waxaanna u fariistay marna u istaagay inaan Ilaahay baryo, oo bal wax kaloo dhan ha ii danbeeyaane, inaan habeenkaas Ilaahay ka baryo inuu qaadka iga madoobeeyo. Halkaas ayaa aan dhowr saacadood baryo kal-iyo-laab ah Ilaahay la hor fariistay. Waxaan ku celcelinayay *Ilaahoow qaadka iga madoobee*. Ilaa hadda waan xasuustaa waan ooyay habeenkaas, dhowr sacadood kaddib goor aan isleeyehay allaylehe salaaddii subax waa la gaaray ayaa aan is iri tuko. Haddana waxaan ogaa in aanan aqoonba xilliga salaada subax la tukado, qorraxda ingiriiskuna mid laga qiyaas qaadan karo ma aha, markay rabto ayey soo baxdaa. Waxaan is'iri alleylehe dad yaa kuugu dhow oo aad weydiisaa xilliga salaadda subax? Waxaa maskaxdayda ku soo dhacay saaxiibbadii marfishka, haddana waxaan xasuustay inta badanba in aanan ku arag rag salaad subax tukanaya. Waxaan garoowsaday qofka ugu fiican oo aan ogahay inuu salaada subax u kaco inay tahay xaaskeyga Dejiya, taleefankaygii intaan soo qabsaday ayaa waxaan wacay xaajiyaddii dhowr mar markii uu dhacay oo la iga qaban waayey ayaa aan iska dhigay anoo is leh salaad lama gaarine reerka ha jafin xilligaan.

Waxaan iska sii watay baryadii Ilaahay, wax yar kaddibna waxaa isoo wacday Dejiya, waxayna salaan kaddib hadal iiga biloowday "raali ahoow salaad baan tukanayey, taleefanka ma qaban karin, ee sidee tahay?" Markaas ayaa aan sidii qof degdegsan ugu jawaabay "oo ma salaaddii subax ayaad tukanaysay?" waxay tiri "haa xaaji, Alle ha iga aqbalo, waan tukaday". Si halhaleela ayaa aan ugu jawaabay, "haddaba waqtiga salaadda ayaa aan rabay inaan ku weydiiyo, mar haddii saladdii subax la gaaray isug aan tukadee anaa kusoo wici doonee." Salaaddaydii subax ayaa aan tukaday. Alxamdulilaah. Qaddar daqiiqado ah kaddib markaan qolkii lagu tukanayey kasoo baxay, waxaa taleefan igu soo celisay xaajiyaddii oo igu tiri ma tukatay? Masha Allaah, waxaan ugu jawaabay "haa waan tukaday, xalay oo dhana waan tukanayay. Waxaan kaa ballan qaadayaa noloshayda iyo nolosha qoyskeennaba inaan wax badan ka beddeli doono." Inkastoo aan ballamo hore uga qaaday xaajiyaddayda inaan qaadka iska deyn doono, oo ay quus u dhoweyd, haddana waxay codkayga ka dareentay inay markaan iga dhab tahay. Waxayna iigu jawaabtay "Ilaahay baan baryeeynaa waana ducaysanaynaa insha Allaah, ee Ilaahay ha kaa madoobeeyo."

Waxaan ku kala tagnay xaajiyadoo khayr filaysa iyo anigoo dareemayay inaan ku qasbanaa inaan nolosheyda wax ka baddelo. Waxaan go'aansaday marfishkii iyo maalmihii qaadka ee mugdiga ahaa inaanan marna ku noqon doonin. Toorreeydii igu dhacday iigama darin oo waxayba noqotay toorreey khayrkeeda wadata oo barakaysan. Eebbe naxariistiisa ayay ahayd toorreydaasi oo la iigu soo dhiibay ninkaas walaalkay ah.

Ilaahay wuxuu Quraanka ku yiri: *"Waxaa laga yaabaa inaad wax dhibsataan; laakiin uu kheyr idiinku jiro, waxaana laga yaabaa inaad wax jeceshihiin; laakiin uu shar idinku jiro"* (albaqarah: 216). Waa xaqiiq aayaddaan oo anigu waan arkay xaqiiqda aayadaan. Toorreeyda la ila dhacay way xanuun badnayd oo waan dhiman gaaray, mirqaankiina waa iga jajabay habeenkaas. Haddaan, toorreydaas la ila dhici laheynna waxaa laga yaabi lahaa maanta ma suurtagasheen inaan buuggaan qoro. Toorreeyda khayr badan baa ku jiroo, nolosha heerka aan gaaray ma aanan gaareen, caruurtaydana lama noolaadeen, mujtamac weynaha Soomaaliyeedna wax ma tareen.

BILOOWGII ISBEDDELKA

Labo cisho ayaa aan isbitaalka ku jirey. Maalintii danbe waagu markuu beryay ayaa dhaqaatiirtu ii sheegeen inaan nasiib badanahay oo aan ka badbaaday geeri. Waxayna igu yiraahdeen waxaa tahay fasax oo gurigaaga ayaad aadi kartaa. Waxay kaloo ii sheegeen in naftaydu khatar weyn gashay, oo wuxuu yiri dhakhtarku isagoo tilmaamaya xuduntayda "nabarka halkaas kaaga dhacay wuxuu ahaa mid khatar ah aad ayaadna u nasiib badan tahay inaad ka badbaaddey, waxaan kuu rajeynayaa nasiib wanaagsan." Gacanqaad iyo salaan kaddib waxaan soo aruursaday dharkaygii iyo alaabtii Dejiya ii keentay. Waxaa maskaxdayda kusoo dhacday toloow kuwii saaxiibbadaa ahaa ma wacdaa ha ku soo doonaane, haddana waxaan is iri waxba ha wicin inkaar-qabayaasha ee tagsi iska raac.

Maalinkaas waxaan dareemayay isbeddel waxaanna go'aansaday oo aan Ilaahay ka baryey in aanan mar danbe qaad afkayga saarin. Waxaan xasuustaa ducadaydii af Soomaaliga ahayd oo aan Ilaahay ku baryayay oo aan iri "Ilaahoow mar danbe u noqon maayee middaan iga badbaadi" waxaan arkayey oo si cad iigu muuqatay in aan qaad kala dhimannay, niyaddayduna waxay ahayd mid adag. Waxaa dhanka kale igu soo bilaabmay soo wicitaankii saaxiibbadii baas ee aan muddada dheer qaadka isla daaqi jirney. Midkii isoo wacaaba wuxuu lahaa "war kaalay galabta isku kaaya keen aan iswaraysannee", oo macnaheedu yahay kaalay aan qayilnee! Anigana niyaddaydu waxay ahayd bir waxaanna go'aansaday sida keliya ee aan nimankaan saaxiib-lamoodka ah iyo qaadka uga badbaadi karo inay tahay inaan iyagoo dhan xiriirkooda gooyo oo taleefankaba dansado.

***

Waxaan marayaa maalinkii saddexaad ee aanan qaad afkayga gelin intii aan waddanka Ingiriiska joogey. Waa markii ugu horreysay ee muddo intaas le'eg aanan qaad cunin, maalin walba waxay ii tahay guul. Waxaa faro kulul igu haya bahal layiraahdo *dubaab* oo habeenkii nafta isugu kay keena. Indhaha markaan isku qabtaba waxaa meel walba iga gelaya bahallo geeso waaweyn. Waxaa idaaqaya masas, mar kale waxaan ku jiraa libaax afkii. Xanuunka Soomaalidu u taqaanno dubaabka runtii qof aan weligiis qaad cunin way ku adag tahay inuu fahmo bahalladaan qofka dhex gelaya iyo belaayada laga sheekeeyo marka laga hadlayo dubaabka, waxaan gaaray heer aan hurdada ka baqo oo aan intaas iska ilaalinayo inaan gam'o, waayo, waxaa isugaya dubaabkii oo waxaan soo boodi jirey anoo dhididka, neeftuurka iyo qaylada iga baxaysa aad la yaabayso.

Dhawr cisho kaddib waan ka buskooday dubaabkii jinni. Waxaan bartay inaan habeenkii seexdo, waxaan kaloo bartay inaan subixii tooso. Waxaa si aayar-aayar ah iiga kacay caajiskii, wahsigii iyo hamaansigii badnaa. Waxaan dib isu baranay caruurtaydii. Waxaan bilaabay inaan iskuulka geeyo aroortii, galabkiina ka doono. Waxaan bilaabay inaan galabkii la ciyaaro oo aaan bannaanka geeyo. Waxaan bilaabay habeenkii intaysan seexan inaan u sheekeeyo. Waxaan noqday aabbe la yaqaanno oo guriga jooga. Carruurta waxay u ahayd farxa,d duco-qabtadii Dejiyana kaalay iska arag dhoollacadayska iyo farxadda ka muuqata; waxay ahaayeen kuwo muddo dheer ay sugeysay oo ay u samirtay. Waxay oran jirtay "maasha Allaah halkaas ka wad."

Waxaa soo noqday dhiiggaygii, Dejiyana waxay igu oran jirtay "waad qurux badnaatay", oo waxay ii dhisi jirtey niyadda. Laakiin, waa run markaan dhawr toddobaad qaadka moogaa waxaan dareemayay xoog iyo shacni. Oo waan ujeeday inuu wejigaygu isbeddelay. Waxaa batay tabartaydii ama awooddaydii, waxaanna noqday nin xayi ah. Waxaan laasimey salaadda, waxaan ku shukrin jirey Ilaahey goor walba. Dejiyana waxay u ahayd aroos cusub oo waxaa dib usoo noqday wiilkii wiil ahaa ee ay waa jeclaatay. Waxaan raadsaday sharcigii aan waddanka ku lahaa oo waxaa si fuddud markiiba la iigu oggolaaday inaan si sharci ah ugu noolaan karo waddankaan. Waxaan bilaabay kallahaad iyo shaqo raadis, dhanka kalena waxaan gelinka danbe bilaabay waxbarasho, waxaan mudo gaaban gudaheed bilaabay shaqo cusub.

Shaqadu waxay ahayd mid aan ku helay khibraddii aan lahaa. Waxaa laga yaabaa inaad durbadiiba isweydiiso oo maxay ahayd khibradda qaad cunka ee shaqada lagu helayo? Shaqada waxaan ka bilaabay dugsi hoose/dhexe oo lagu magacaabo Kensal Rise Primary School. Waxaan ahaa iskuxiraha waalidiinta Soomaaliyeed iyo dugsiga, oo ay dhigan jireen carruur badan oo Soomaali ah. Waxaanna markii aan shaqada codsanayey u sheegay shaqo bixiyaha inaan ahay nin khibrad u leh waxyaabaha aabbayaasha

Soomaaliyeed ka hor taagan inay ka qayb qaataan waxbarashada carruurtooda. Waxaan ku andacooday inaan dhisi doono xiriir wanaagsan oo ka dhexeeya waalidiinta, siiba aabbayaasha, iyo dugsiga. Waxaanna sheegtay inaan fahamsanahay caqabadaha hortaagan aabbayaasha Soomaaliyeed intooda badan. Caqabadahaas oo ah adeegsiga qaadka oo aan aniga laftaydu soo maray oo aan qirtay.

***

Hadda waxaan leeyahay xafiis, waxaanna subixii anoo faraxsan u kallahaa shaqadayda. Goobta shaqada waxaa la igu yaqaannaa inaan ahay dadka xilliga hore shaqada soo gala. Waxaa dib usoo noqday firfircoonaantii iyo bashaashnimadii ay waayaha qaadku iga qaadeen. Waxaan ahay farxaan, waxaan ahay nin han weyn oo naftiisa ku kalsoon. Waxaan gebi ahaanba ka buskooday dharbaaxooyinkii iyo jillaafooyinkii nololeed ee qaadku ii geystay.

Wixii iigu horeeyey ee aan qorshaystay markaan qaadka iska daayey oo shaqada helay waxay ahayd inaan labadaydii waalid kasoo ducaysto oo aan waddankii dib ugu laabto. Hadda waxaan ahay nin qorshe ku socda, waxaan ahay nin wax dhaqaaleysanaya. Waxaan ahay nin waqtigu u xisaabsan yahay —taasina waa Ilaahay mahaddiis. Waxa ii suurto gashay fasaxaygii shaqo ee ugu horreeyey dhammaadkii sannadkii 2004tii inaan ka dhabeeyo oo aan u safro Soomaaliya. Waxaanna lasoo noqday duco tiro badan oo ay iisoo duceeyeen labadaydii waalid.

Isla sanadkaas dhamaadkiisii waxaa aniga iyo xaajiyadda Ilaahay noo suuro geliyey inaan aadno Xajka. Allaahu Akbar.

WAXYAABIHII IGU QASBAY INAAN QAADKA LA DAGAALLAMO

Waa galab Khamiis ah, waxaan kasoo baxay shaqo waxaanna usii socday xaafaddaydii. Waxaa iga horyimid wiil dhalinyaro ah oo Soomaaliyeed oo aan 16 jir ku qiyaasay, isagoo dhoollacadaynaya ayuu wuxuu igu yiri walaaloow ma taqaannaa meel meelahaan ah oo qaadka lagu gado. Waxaan aamusnaa dhowr ilbiriqsi, waxaa maskaxdayda ka dhex guuxayay fikrado badan waxaan go'aansaday wiilka yarka ah inaanan u tilmaamin meel qaad lagu gado. Waxaan wiilkii isagoo dhibsanaya ku bilaabay khudbo dheer waxaan u tilmaamay in qaadku yahay khatar naftiisa soo foodsaari karta. Waxaan u sheegay inaan anigu cuni jirey oo aan dhibaatooyin badan kala kulmay, isagana aan jeclaan lahaa inuusan aadin meel qaad lagu cunee uu danihiisa ka raacdo. Waxaan ku celceliyey in noloshiisu mugdi geli karto haddii uu marfishakaas galo. Wiilkii yaraa isagoo aad mooddo inuusan xiisaynayn waanada iyo waxsheeggayga ayuu ii mahadceliyey igana dhaqaaqay.

Iyadoo arrintii wiilkii yaraa ay toddobaadkaas oo dhan madaxayga kasii dhex guuxeyso, ayaa waxaa dhacday in subax Isniin ah shaqada anoo jooga la iiga yeero xafiiska daryeelka carruurta. Xafiiskaani wuxuu ku dhex yaallaa dugsiga aan ka shaqeeyo waxaana madax ka ahayd gabar la yiraahdo Diana. Xafiiskaan shaqadiisa oo kooban waa ka warqabka xaaladda nololeed ee carruurta dugsiga dhigata xilliga ay dugsiga joogaan iyo xilliga aysan jooginba. Waxaana jira hab looga warqabo haddii ardayga ay dhibaato ka haysasto dhinaca guriga iyo waalidka.

Diana waa gabadhii aan wada shaqayn jirnay markaan xafiiskeeda ugu tegay waxay ii sheegtay inay ka welwelsan tahay wiil yar oo aan 'Cabdullaahi' ula baxay oo 9 jir ah oo dugsiga dhigta. Wiilkaas waxaa ka muuqda ayay tiri calaamadaha dayacaadda, wuxuu mar-marka qaarkood ku dhex seexdaa fasalka casharkii oo socda. Cabdullaahi ma aha badanaa wiil faraxsan, dhowr mar oo horena waxaa la arkay isagoon xirnayn dharkii qaboobaha xilli uu qaboow darani dhacayey. Anigoo eegaya xaaladahaas oo dhan ayaa waxaan ka welwelsanaa Cabdullaahi xaaladdiisa nololeed ayay tiri Diana.

Qaanuunka ama sharciga dugsiga u yaalla marka xaalad sidaanoo kale ahi ay dhacdo waa in loo yeeraa waalidka ilmaha, oo la weydiiyaa haddii ay jiraan wax dhibaato ah oo qoyska haysta. Iyo haddii ay macquul tahay in dugsigu ka caawiyo arrimahaas, si kor loogu qaado tayada nololeed ee ardayga. Markii tayadiisa nololeed kor loo qaadana waxaa kor u kacaysa tayadiisa waxbarasho. Gebagabadii shirka waxaan isla garannay in warqad af Soomaali ku qoran loo diro waalidiinta Cabdullaahi oo laga codsado inay dugsiga yimaaddaan oo shir la yeeshaan Diana iyo Aniga. Waxaan isla maalinkiiba u diray warqaddii waxaana subixii danbe noo timid hooyo Soomaaliyeed.

Markaan shirka furnay oo aan hooyadii uga mahadcelinnay inay dugsiga noogu timid, ayay Diana iyadoo ka taxaddaraysa siday hadalka u dhigi lahayd waxay hooyadii u sheegtay in dugsigu ka welwelsan yahay waxbarashada Cabdullaahi oo liidata. Waxaan kaloo ognahay in Cabdullaahi uu maalmo badan dugsiga ka maqnaa. Waxaan kaloo aragnay in uu Cabdullaahi badanaa dugsiga kasoo daaho e, ma jiraan wax dhibaato ah oo aan idinka caawin karno oo aad jeceshahay inaad nala wadaagto? Iyadoo hadalkii sii wadata ayaa waxay hooyadii ku tiri way fiicnaan lahayd haddii Cabdullaahi aabbihiis maanta shirka nala joogo, waase garan karaa haddii uu shaqo ku maqan yahay. Markale ayuu noo imaan doonaa baan filayaa ayay Diana u raacisay.

Hooyadii ayaa halmar afkeeda furatay iyadoo ilmo indhaheeda ka dareerayso oo waxay hadal ku bilowday anigu maahi hooyo xun, waxaanna leeyahay 7 carruur ah, keligay ayaa subax walba u kaca oo u diyaariya quraacdooda, lebbiskooda iyo inaan mid walba dugsigiisa geeyo. Hawshaasna ma aha hawl dhib yar mana doonayo inaad aniga ii qaadataaan inaan ahay hooyo xun oo aan carruurteeda xannaanayn. Diana ayaa weydiisay hooyadii ninkaagu maku caawiyaa? Markaas ayay hooyadii iyadoo aad moodo inay ninkeeda u caraysan tahay waxay tiri "kaasaa!", iyadoo tilmaamaysa ninkeeda, "saakoo dhan baan ka baryayey kaalay wiilka dugsigiisa ii raac ama adigu u tag oo tus inuu aabbe leeyahay oo soo ogoow waxa wiilkaaga laga rabo. Laakiin wuu i diiday wuuna seexday." Diana ayaa weydiisay oo ma xalay oo dhan buu shaqaynayey muxuu saacadaan la seexday? Hooyadii oo aan runta ka gabbanayn ayaa Diana ugu jawaabtay mayee habeenoo dhan wuxuu cunaa qaadka maalintii oo dhana waa hurdaa, weligiisna ma shaqayn. Guriga nagama caawiyo, dugsigana weligii ma uusan imaan. Intaasna waxaa noo dheer qaylo iyo qaxar joogto ah.

Waxaa halmar isbeddelay dareenkayga oo waxaan soo xasuustay waayihii aan qaadka cuni jirey sidaan ahaan jirey. Waxaan dareemay ilmada ka dareeraysa gabadhaas walaashay ah ee Soomaaliyeed inay tahay ilmo ka jirta guryo badan oo Soomaaliyeed. Anigoo shirka dhex fadhiya ayaa maskxadaydu ka fekeraysay toloow meeqa hooyo iyo meeqa guri ayaa noloshaan ku jira? Maxaase laga qaban karaa? baan isweydiinayey. Waxaan Diana u macneeyey waxa uu qaadku yahay iyo inuu dhibaato ballaaran ku hayo bulshadeenna Soomaaliyeed. Waxaanna aragti ahaan Diana usoo jeediyey in dugsigu caawiyo hooyadaan iyo carruurteeda oo loo oggolaado inay carruurteeda xilli hore keensan karto dugsiguna siin doono quraac. Sidoo kalena, ay xilli danbe soo doonan karto oo dugsigu siin doono xannaano gaar ah.

Shirkaas markaan kasoo baxay waxaan garowsaday in loo baahan yahay in dhibaatadaan qaadka wax laga qabto. Waajibna ay tahay in la caawiyo hooyooyinka dhibaataysan ee la kufaa-dhacaya carruurta aan u bixiyey '*Agoon Aabbe leh*'; waa carruurta aabbahood cunista qaadka laasimay.

***

Markaan waxaan ahay nin masuul ah oo dowladda hoose u shaqeeya, waana waajib i saaran sharciyan inaan ka shaqeeyo horumarinta carruurta. Dugsiga aan ka shaqeeyo waxaa nala siiyaa tababarro kala nooc ah oo ku saabsan xaquuqda carruurta iyo in la ilaaliyo xaqooda. Maalin ayaa waxaanu qaadannay tababar afka Ingiriiska ciwaankiisu ahaa 'Every Child Matters', haddii aan af Soomaali u rogana noqonaya 'Cunug Walbaa waa Muhiim'. Waxaa casharka qodabbadiisa ku jirey in cunug walbaa sharciga waddankan Ingiriiska uu xaq u leeyahay inuu ku noolaado nolol farxad leh, oo laga hor qaado wax allaale iyo wixii dhibaato ku keeni kara koritaankiisa. Anigoo sharcigaas ka duulaya, ayaa waxaan go'aansaday in loo baahan yahay in dhibaatada qaadka lasoo bandhigo oo aan ka hadalno. Dhibaatadaasoo saameysay qoysas badan oo Soomaali ah iyo carruurtoodaba.

Anigoo khibraddaydii cunista qaadka iyo rafaadkaan kasoo maray kaashanaya ayaa aan ku dhiirradey arintaan. Shaki iigama jirin in dhibaatadu tahay mid jirta. Waxaa kale oo aan maalinba maalinta ka danbaysa sii fahmayaa habka waddanka iyo sida sharciyadiisu u shaqeeyan. Waxaan ku biirey guddiyada Degmada Brent oo ahayd xaafaddii aan deganaa kana shaqayn jirey. Guddiyadaan degmadu ma aha kuwo mushahar la isku siiyo, mana aha meel maalin walba ama toddobaad walba la tago e, waa golayaal lagu gorfeeyo horumarinta degmada; hadday tahay dhanka waxbarashada iyo hadday tahay bilicda degmada, ka-hor-tegista denbiyada, iwm. Guddigaas ujeeddo kale kama aanan lahayn runtii ee wuxuu ii sahlayey inaan fariisto miiskii looga hadlayey wax walba oo degmada khuseeya. Golayaashaas marka shir jiro oo Soomaalida wax la iga weydiiyana waxaan ku jawaabi jirey dhibaatada nahaysata oo dhan waxay salka ku haysaa isticmaalka qaadka. Markan hankaygu waa uu weyn yahay, waxaanna talo kusoo gooyey intii tabartayda ah inaan qaadka dagaal weyn ku qaado, anigoo talasaaranaya Ilaahay. Jidku waa dheeryahay caqabaduhuna way badan doonaan, laakiin waxaan mar kale naftayda ku qanciyey inaan ahay nin halgan ummadeed ku jira.

BILOOWGII LA DAGAALLANKA QAADKA

Sawirkan caanka noqday wuxuu ka mid ahaa sawirradii wejiga u noqday ololaha la dirirka qaadka. Subaxa sawirkaas la iga qaadayey waxaan joogay shaqada, meeshaas aan taaganahayna waa dugsiga dhexdiisa. Dharkaan aan gashanahay waxaa loogu talagalay shaqaalaha ka shaqeeyaa inay ardayda yar-yar ka joojiyaan baabuurta marka ay laamiga goynayaan. Waxaa caadi ahaan sawirkaan ku qoran: *Joogso Carruur baa Jidka Goynaysee*. Waxaan qoraalkii ku beddelay *Jooji Qaadka Yimaadda Waddanka Ingiriiska*. Ololuhu waa iga dhab, waxaanna ku haminayaa inaan bilaabo olole gebi ahaanba lagu mamnuucayo qaadka sida sharciga ah loo keeno waddanka Ingiriiska. Waxaan hawlgalkii ka bilaabay talo wadaag Soomaalida dhexdheeda ah. Waxaan la kulmay dad badan oo fikirka soo dhoweeyey iyagoo qiraya inuu qaadku dhibaato weyn ku hayo bulshadeenna.

Dhanka kalena, waxaan arkay dad badan oo ila yaabay qaarkoodna igu qoslay, iyagoo hadal-hayskoodu u badnaa kuna soo celcelinayay "war miyaadan ogeyn in beeraha qaadka Ingiriisku leeyahay?", "sow ma ogid xiriirka ka dhexeeye Kenya iyo Ingiriiska?" iyo "ma adigoo qaxooti ah ayaad rabtaa inaad wax ka beddeshid sharciga Ingiriisku dhigtay?" Runtii dadka hadalladaas kusoo celcelinayey waxaan u arkayey dad aan hankoodu xikmad lahayn. Waxanana ku oran jirey sow ma ogidiin in qof Soomaali ah uu waddankaan wax ka beddeli karo? Sow ma ogidiin inaan xaq u leenahay inaan xaquuqdeenna u dagaalanno oo aan cadkeena goosanno? Waxaan runtii qofwalba oo aan la kulmo ku qancin jirey inaan isugu tagno oo aan meel uga soo wada jeesano suntaan cagaaran ee ragaaska ka dhigtay raggii Soomaaliyeed ee qabka iyo qiimaha lagu yiqiin. Suntaas oo asaagood ka reebtay, caruurtoodana iyagoo nool agoomisay.

***

Jidku waa dheer yahay, caqabaduhuna waa badan yihiin, laakiin diyaar ayaa aan u ahaa inaan riyadaas ka dhabeeyo, bixiyana wax walba oo ay igu qaadaneyso. Waxaan bilaabay inaan dowladda hoose kala hadlo dhibaatada qaadku ku hayo bulshadeenna. Waxay dawladda hoose igula talisay oo igu tiri haddii ay bulshadiinnu dooneyso in qaadka gebigiisaba la joojiyo soo aruuri magacyadooda, cinwaannadooda (meesha ay deggan yihiin) iyo saxiixyadooda, soona diyaari codayn aad ku codsanaysaan in qaadka wax laga qabto. Waana in la helaa dad badan oo arrintaan kugu taageersan oo saxiixa codaynta.

Galbihii shaqada ka dib waxaan soo booqan jirey goobaha ay Soomaalidu isugu yimaaddaan anigoo wata warqado ay ku qoran yihiin "walaal haddii aad igu raacsan tahay in qaadku dhibaato weyn ku hayo bulshadeena oo aad raalli ka tahay in qaadka laga jooojiyo waddankan Ingiriiska, halkaan saxiix, magacaaga iyo ciwaankaagana halkaan ku qor." Dadka waxaa iigu darnaa saaxiibbadii aan waa hore qaadka wada cuni jirnay oo hadda u haysta inaan iyaga yasayo oo aan hoos u dhuganayo iyaga iyo qaadkoodaba.

Waxayna bilaabeen inay isdifaacaan, oo cay iyo aflagaaddo joogto ah ayaa aan kala kulmi jiray ragga qaadka cuna. Waxaana kuwaas ka darnaa kuwa qaadka ka ganacsada oo u haystay in ganacsigoodii lasoo weeraray. Dharbaaxada, cayda iyo aflagaaddadu waxay ahaayeen joogto mar walba oo aan raggaas ku kulanno meelaha bulshada Soomaaliyeed isugu yimaaddaan. Dhanka kalena, waxaan la kulmay taageero badan oo iiga imaanaysay waxgaradka dadkeenna Soomaaliyeed ee deggan dalkaan Ingiriiska. Dadkaas wanaagsani waxay goor walba igu oran jireen halkaas ka wad, oo horay u soco; oo ha ka daalin hawshaan *muqaddaska* ah. Runtii dadkaasi waxay i siin jireen dhiirrigelin weyn, waxayna ii sii xaqiijin jireen inaan hayo waddadii saxda ahayd.

Waxaan xusuustaa waagaas, waa 2007dii, waxaan tegi jirey shir walba oo Soomaalidu isugu timaaddo. Shirku waxa uu ku saabsan yahay iyo ujeeddada loo qabanayay shirka nin kala jecel ma aanan ahayn runtii. Aniga waxaa ii caddaa dadkaas badan ee Soomaalida ah ee meesha isugu yimid inaan farriintayda Ololaha Qaaddiid gaarsiiyo. Soomaalidu waxay ku maahmaahaan "indha-adayg waa raasamaal", anigana ilaa maantadaan la joogo waxay asxaabtayda iyo ehelkaygu igu tilmaamaan inaan ahay nin indho adag oo waxa uu rabo ku dhiirrada. Xirfaddaas indha-adaygguna waxay ii fududaysay goobo badan oo aan la igu tashan, inaan ka dhex kaco farriintana gaarsiiyo. Dabcan mararka qaarkood "war naga aamus!" iyo "ninku muxuu ka hadlayaa!" ayaa la igu oran jirey. Waxaa kale oo aan xusuustaa maalin aan ka qeyb galay xaflad qado meher ah, waxaa meesha fadhiya rag badan, markii la qadeeyey ee meherkii dhacay reerkiina dhismay oo loo duceeyey xaaladduna gebagebo tahay, ayaa aan istaagey, salaan iyo raalligelin ka dib waxaan u sheegay raggii meesha fadhiyey magacayga iyo ujeeddada aan u istaagay oo ah haddaad igu raacsan tihiin in qaadku dhibaato ku hayo bulshada warqadahaan ii saxiixa.

Iyadoo aan hadalkii afkayga kasoo dhammaan ayaa waxaa soo galay saddex nin oo dhawr kartoon oo qaad ah wada. Waxayna bilaabeen inay ragga meesha fadhiya labo-labo mijood oo qaad ah siiyaan. Meeshiiba waxaa ka bilaabmay sawaxan iyo qaylo. Mid ka mid ah ragga qaadka qeybinayey oo la socday hawlaha aan beryahaanba wadey ayaa intuu labo xabboo jaada igu soo tuuray igu yiri: "Waa walooy! war waa kii yaraa ee qaadka ku waashay; adeer iska qayil kan adiga iyo hooyadaana ma joojin kartaane"!.

Meeshii waan isaga soo cararay, maalinkaasna waan ku soo hungoobay, howshii aan meesha u aaday. Laakiin ma quusane arooskii ku xigey ee xaafadahayaga ka dhacay waan taagnaa, ololahana waan ka hadlay, waxaanna ogaaday xilliga ugu fiican ee aroosyada laga hadlo inay tahay inta aan qadada la gaarin, faraxalka, mooska, ansalaatada iyo basbaaskana aan gogosha la soo dhigin.

Berigii danbe, waan ka raystay aroosyadii aan ka dhex qaraaban jiray oo waxaa magaalada London ka bilaabmay shirar isdabajoog ah oo siyaasaseed iyo kuwo maamul goboleedyo lagu taageerayay. Inaan mid walba ka qayb galaana waxay ololaha u ahayd fursad weyn. Dadka qaar baa ku wareeri jirey war ninkaani tiro badanaa maamul walba iyo masuul walba waa taageersan yahay shirkoodana waa dhex taagan yahay! Anigase waxaa igu weynaa inaan saxiixa iyo magacyada ololaha taageersan sii kordhiyo oo aan goob walba geeyo ololaha.

Dhinaca kale, waxaan wadey tababaridda naftayda iyo inaan qaato koorsooyin la igula taliyey inay i anfacayaan. Koorsooyinkaas waxaa ka mid ahaa horumarinta bulshada iyo hoggaaminteeda, iyo sida fikirkaaga loo geliyo dadka kaa soo horjeeda. Waxayna labada koorsaba runtii door weyn ka qaateen waxna ka beddeleen ololaha.

***

Dawladda hoose ee degmada Brent ayaa ku dhawaaqday shir weyn oo looga arrinsanayo dhibaatooyinka haysta Soomaalida degmadaas ku dhaqan. Waxaa shirka fikirkiisa lahaa nin la yiraahdo Xarbi Faarax oo xilligaas ahaa Guddoomiyaha Ururka horumarinta Soomaaliyeed ee loo yaqaan (HSF).

Waxaa shirkaas ka soo qayb galayey dhammaan masuuliyiinta kala duwan ee laamaha degmada sida: waxbarashada, bilayska, guriyeynta, caafimaadka, shaqada iyo shaqaalaha, iyo siyaasiyiinta degmada. Marba haddii laga hadlayo dhibaatooyinka haysta bulshada Soomaaliyeed waxaan ka codsaday Mudane Xarbi Faarax oo qabanqaabinayey in aniga la ii dhiibo mawduuca qaadka oo aan isla meel dhignay in uu ka mid yahay dhibaatooyinka inna haysta.

Maalintaasi waxay ahayd fursad weyn oo soo martay ololaha waxaanna uga faa'iidaysannay si wanaagsan annagoo ku qancinnay dhammaan hay'adihii dawladda inay wax nagala qabtaan sidii looga hortegi lahaa dhibaatada baahsan ee qaadku ku hayo bulshada Soomaaliyeed ee degmada ku nool. Shirka ka dib waxay dawladda hoose soo saartay warbixin, taasoo qaadka iyo dhibaatooyinkiisa aad wax uga qortay, waxayna ahayd guul weyn oo ololaha u soo hoyatey.

Khat: a personal perspective

Abukar Awale runs a project in Brent which alerts the Somali community to the dangers of khat. He spoke about his experiences of khat and its effects.

Abukar Awale holds up khat at the conference

I came to Britain as a refugee in 1997 from war-torn Somalia with high hopes of achieving my goals of acquiring an education, which as far as the Somalis are concerned is a luxury that should only be considered once life's more basic necessities have been established, such as living in peace, being able to provide for one's family and the like.

My family made huge financial sacrifices for me to come here so that I could in turn be in a position to help them in future. I still remember the day I arrived as it was, of course, supposed to be the beginning of a better life.

Unfortunately, due to unforeseen circumstances, things did not turn out as planned. I have to begin by laying the blame at my own feet. I cannot hold anyone else responsible for that's chewed recreationally by many east African immigrant communities.

If used in excess, it can have devastating effects. As I have stated, I blame myself for resorting to khat as a means to deal with living in a developed country with no papers. As a matter of fact, it took me four years to be granted any status at all. Not being allowed to work and being forced to live on vouchers was a psychologically damaging for me as a young man bearing in mind the high hopes that I previously had for myself.

I found myself working illegally as a minicab driver simply to make ends meet. As a father with young children, simply living off food vouchers was hugely damaging for my psyche. Soon enough, I was pulled over by the police

FURITAANKII ALBAABBADA MASAAJIDDA

Cod ururinta waxaa kallifay haddii la helo dad badan oo tobonaan kun ah oo igu raacsan fikirka ah in qaadka la joojiyo, dawladda Ingiriisku waa inay na dhegaysato. Anigoo la kufaa-kacaya masuuliyaddii cod ururintii taageerada loogu raadinayey ololaha, ayaa waxaa talo isiiyey nin ehlu diin ah oo shaqsi aad u wanaagsan ah ilaa iyo haddana aanu saaxiib nahay oo magaciisa la yiraahdo Saleebaan Cige. Saleebaan wuxuu kor kala socday hawsha iyo dhaqdhaqaaqa aan wado waana nin shaqsi ahaan qaadka si weyn uga soo horjeeda. Wuxuu igula taliyey inaan taageero weydiisto masaajidda oo aan ka codsado inay ololaha ku soo biiraan.

Talada Saleebaan Cige waxay ahayd mid wax badan ka beddashay hawsha waxaanna la xariiray masaajidda London. Waan xusuustaa masaajiddii ugu horreeyey ee aan ka dhex istaago iyadoo imaamka iyo masuuliyiinta masaajidku igu garab istaageen. Waxayna Jameecada masaajidka ka codsadeen bal in ninkaan odayga ah la dhegaysto oo aan ka qeyb qaadanno hawsha munkurka la reebayo ee uu walaakeen wado. Run ahaantii waxaan ka welwelsanaa sida aan dhawr boqol oo qof oo culumo iyo aqoonyahanno ka buuxaan wax uga dhaadhicin kari lahaa. Haddana waxaan ku kalsoonaa hawsha aan wado inay sax tahay, waddada aan hayaana ay qumman tahay. Waxaanna mar walba khudbooyinka aan soo jeediyo ku bilaabi jirey jabkii aan ka soo maray cunista qaadka. Markaan arrintaan ka sheekaynayo waxaan sheegayaa waxay toos uga imaanayaan wadnahayga. Waxaan dareemayaa qiiro markaan hadalkayga ku soo gebagebeeyo "walaalayaal waxaan idiinku imid inaan waddadii qodxaha lahayd ee mugdiga ahayd ee aan anigu soo maray uga digo dhalinyarada soo koreysa. Waa inaan si wada jir ah uga shaqayno inaan waddadaas u xaaqno ama u nadiifinno ubadkeenna, si aysan wiilkaaga iyo wiilkaygu ugu dhicin godkii aan anigu ku dhacay."

Faanku reebban, laakiin waxaan run ahaantii khudbo walba oo aan soo jeediyo la kulmi jiray soodhoweyn ballaaran, waxayna culumadu bilaabeen in la ii duceeyo oo "maashaAllaah, howl khayr badan baad waddaa" la igu yiraahdo, la iguna dhiirri geliyo inaan howsha sii wado, albaabbada masaajidduna inay ii furan yihiin oo ay kaalin weyn ka qaadan doonaan howshan.

Waxaan si goonni ah u xusuustaa masaajidka Al-Raxma ee magaalada Birmingham oo ii sheegay inay hiil iyo hooba ku bixin doonaan taageerada ololahaan, iyagoo arrintii ka dhabeeyey oo ilaa dhammaadkii ololaha i garab taagnaa.

***

Hawshii hadda waxay gashay dar-dar hor leh, waxaana kor u kacay liiska inta qof ee saxiixday warqadihii taageerada ololaha. Waxaan markaan haystaa dad kor u dhaafay sodon kun (30,000) oo qof. Siyaasiyiinta iyo xildhibaannadu waxay ku qasban yihiin inay i dhegaystaan. Waxaan wax badan ka fahmay sida ay u shaqayso siyaasadda waddanka

Ingiriisku, oo waxaan bilaabay inaan ku gorgortamo oo aan siyaasiyiinta u sheego inaan codkeenna siin doonno ciddii qaadka naga joojinaysa.

Siyaasiyiintu badanaa dan kama laha waxa ay u arkaan dhibaato yar oo haysata dad ama bulsho kooban oo tiradoodu ka yartahay 0.2%. Laakiin, waxay ku dhegaysanayaan markaad kula gorgortantid waxaan hayaa 30,000 oo qof oo kuu codayn doona haddii aad qaadka wax ka qabatid ama nagala shaqaysid sidii loo joojin lahaa. Markiiba waxaa gala hunguri ah sidee baad ku hanan kartaa ama u soo jiidan kartaa bulshadaan cododkooda. Aniguna waxaan shuruud uga dhigi jiray qaadka joojintiisa nagala shaqee annaguna waxaanu kaala shaqayn doonnaa inaan ku dooranno oo aan codadkayagoo dhan ku siinno. Waxaanna bilownay gorgortan siyaasadeed oo aan la gelayno dawladda.

Masaajidda magaalada London waxaan ka helay taageero badan waxaana ololihii saxiixay kumannaan qof. Waxaan arkay oo la kulmay dad badan oo i leh "waad guuleysan doontaa ee ha istaagin, horay u soco oo ha quusan." Intaasna waxaa ii dheeraa in la bilaabay muxaadarooyin looga hadlayo dhibaatada qaadka oo lagu qabto masaajidda. Waxaa bilaabantay rasaas isdabajoog ah oo ku dhacaysa qaadka, cidda cunta iyo cidda ka ganacsataba. Waxaa sii weynaaday hankaygii oo waxaan naftayda ku leeyahay "Aaheey wakaa! Waad haysaa waddadii, guushuna way imaan".

Waxaan xusuustaa shirkii ugu weynaa ee qaaradda yurub ka dhaca oo ay soo abaabuleen isutagga masaajidda Soomaaliyeed ee loo yaqaannay 'AMIC'. Waxaa lagu qabanayey masaajidka ugu weyn London oo loo yaqaan Masaajidka Regents Park. Shirka waxaa marti ku ahaa oo muxaadaro qaadka ku saabsan ka soo jeedinayey Sheekh Mustafe Xaaji Ismaaciil Haaruun. Waxaan u diyaar garoobayay inaan muxaadaradaas ka qeyb galo oo aan soo dhageysto isla markaana waxaan hoosta ku wataa waraaqahaygii aan saxiixa taageerada ah ku raadinayey.

Waxaa subaxaas i soo wacay nin la yiraahdo Sheekh Cabdisamad Xoday oo ka mid ahaa culimadii abaabuleysay shirka. Wuxuu ii sheegay inaan u soo diyaar garoobo khudbadna aan ka soo diyaariyo dhibaatada qaadku ku hayo waddanka Ingiriiska. Isagoo hadalkiisii sii wata ayuu yiri "waxaad ka horreysaa Sheekh Mustafe Xaaji Ismaaciil intuusan hadlin oo markaad khudbaddaada dhamaysatid adigaa ku soo dhoweyn doona Sheekha." Run ahaantii waan u qaadan waayey oo waxaan ku iri Sheekh Cabdisamdoow ma iga hubtaa arintaas?" Wuxuu iigu jawaabay "cid kaaga habboon ma jirto marba haddii laga hadlayo dhibaatada qaadka. Adigaa hawshaan muddo dheer ku soo jirey, soona cunay, ee imoow liiska waan kugu daray waxayna culumadu isku raaceen inaad ku habboon tahay kana soo bixi kartid arintaas."

Shirkaas dhawr waxyaaloodba wuxuu ahaa shir aad muhiim iigu ah. Marka hore waxaan ogaa marba haddii culumadii London oo dhan isku raaceen inaan goobtaas ka hadlo waxay arrintaasi sii saddex jibaareysay kalsoonida aan naftayda ku qabey, waayo culumadii waddanka ayaa aniga kalsooni igu qaba. Midda kale, Shiikh Mustafe Xaaji Ismaaciil iyo miisaanka uu bulsho weynta Soomaaliyeed ku leeyahay ayaa aan ogaa, waxaanna ogaa in kalmaddiisu meel dheer gaareyso. Waxayna ii ahayd nooc ka mid ah horumar aan gaaray haddiiba la ii oggolaaday inaan goobtaas oo kale ka hadlo. Adduunyooy xaalkaa ba'! baan keligeey is oran jirey anigoo niyadda ka faraxsan. Waxaanna ku fekeri jiray Alloow yaa kuwii aan qaadka isla cuni jirney ogeysiiya hadday meeshaas mugdiga ah ka soo baxaan inay riyadoodu rumoobi karto. Waagaas ilaa dhammaadkii ololaha Qaaddiid ee dalka ingiriiska, masaajiddu waxay dagaalka uga jireen safka hore.

AALADAHA LA ISKA ARKO IYO OLOLHA QAAD-DIID

Sannadku waa 2009kii oo ahayd xilligii ay suuqa soo galeen telefishanno af Soomaali ku hadla oo meelo badan laga daawadaa. Telefishannadan dhamaantood waxay falanqeeyaan arrimaha iyo xaaladaha Soomaalidu marayso. Waxaa ii soo baxday inay jirto fursad weyn oo aan farriinta ololaha joojinta qaadka ku gaarsiin karo boqollaal kun oo qof haddii aan fursad u helo adeegsiga muuq-baahiyahaas. Waxaan aaminay haddii aan mar uun ka soo muuqdo halkaas oo ololaha qaadka aan ka bilaabo in tallaabo weyn aan qaadi karno.

Waxaan xusuustaa markii ugu horreysay ee aan TV Soomaali leedahay ka soo dhex muuqdo wuxuu ahaa Universal TV. Maalinkaas waxaan ka qayb galay shir weyn oo looga hadlayay caqabadaha iyo dhibaatooyinka haysta dhalinyarada Soomaaliyeed ee London. Shirka cidna iigama yeerin, igamana casuumin, laakiin, xoogaa farsamo ah iyo indha-adayggii la igu yiqiin ka dib, waxaan helay weriyaha la yiraahdo Ibraahim Baafo oo dad waraysanaya. Anigoo isku dayeya in hal mar kaamirada iyo weriyuhu ii soo jeestaan, ayaa anoo codkayga kor u qaadaya waxaan kor ugu dhawaaqay dhibaatada dhalinyaradeena haysata waxaa kow ka ah qaadka iyo aabbeyaasha maqane-joogaha ah. Waxaan sii raaciyay caruurtuna ma haystaan cid ay ku daydaan oo tusaale ku dayasho mudan u ah.

Wariye Ibraahim Baafo hadalkaygii wuxuu u yeeshay dhadhan ama macno ayuu u sameeyey. Waayo habeenkii waxaan iska arkay warka TV-ga iyadoo farriintaydii la soo qaatay. Dhawr mar ayaa aan uga mahad celiyay wariye Ibraahim Baafo. Waxaa arrintaas ii xigey kulanka wariye Nabiil Nuur oo runtii ahaa mid aad ii soo jiitay. Nabiil wuxuu qorshaynayey inuu bilaabo barnaamij loo yaqaanay Codka Dhalinyarada, oo ka hadli jirey laguna falanqayn jirey dhibaatooyinka haysta dhalinyarada Soomaaliyeed. Barnaamijkaasi si toos ah ayuu toddobaad walba uga bixi jirey Universal TV, waxaanna ka mid ahaa dhalinyaro la soo xulay oo barnaamijkaas aalaaba ka qeyb qaadan jiray.

Dhalinyarada kale ee aan barnaamijka ka wada qayb geli jirnay waxay wateen fikradahooda iyo aragtiyo kala duwan. Anigase qorshahaygu wuxuu ahaa 'wixii xunba Xaawaa leh', oo macneheedu yahay dhibaato walba oo haysata qoysaska Soomaaliyeed iyo dhalinyarada inaan korka ka saari jiray qaadka. Barnaamijkaasi wuxuu ahaa biloow wanaagsan, waana markii iigu horeysay ee aan soo fariisto TV si toos ah loo baahinayo. Wuxuuse ahaa teel-teel oo waxaan dareemayay in barnaamijku uusan igu filneyn ee aan u baahanahay meel aan rasaasta ololaha si toos ah oo hagar la'aan ah uga rido.

Waxaa hawada soo galay TV-gii codka dheeraa ee Somali Channel oo aan ku dhiiran karo inuu ahaa TV-gii doorkii ugu weynaa ka qaatay ololaha la dagaallanka Qaadka. Dhawr mar ayaa la iga waraystay oo aan marti ka ahaa jiray barnaamijka Arimaha Bulshada, oo uu daadihin jiray wariye

Tolwaaye, oo ahaa nin aad u af gaaban. Markaan muddo ku soo noqnoqday barnaamijyada TV-ga ayaa waxaan istusay sida ugu habboon ee aan farriinta ololaha ku gudbin karaa inay tahay inaan anigu noqdo wariye si aan daawadayaasha iyo aniga oo aan na loogu dhexaynin. Waxaan arrintaas kala tashaday mulkiilihii TV-ga Somali Channel, Mudane Mahdi Awkax oo arrintaas soo dhoweeyey.

Mudane Mahdi fursad qaali ah ayuu i siiyey si aan usoo bandhigo xirfaddayda bal inaan barnaamij daadihin karo. Aniguna waan ogaa labo siyaabood awgoodba inaan howshaan ka soo bixi karo. Mid waxay ahayd aqoonta aan u lahaa soo bandhigidda dhibaatada qaadka oo aan hadda mudo dheer ka soo shaqaynayey. Midda kalena waa inaan ahaan jirey nin qaadka cuna oo waan aqaannaa qaad wuxuu galo iyo wuxuu gudaba. Intaasna waxaa ii dheeraa, waxaan bartay sida dadka hortooda looga hadlo, ama waxa afka qalaad loo yaqaan 'Public Speaking'. Intaas oo dhan waxaa ii sii dheeraa xirfaddaydii indha-adaygga oo kaalin weyn ka qaadatay inaan kumannaan qof soo hor fariisto oo aan ka gado fikirkayga iyo waxa aniga iga dhex guuxayey. Waxaa barnaamijkaas soosaare ka ahaa gacan weynna iga siin jirey Siciid Fadheeye oo markaas ahaa madaxa farsamada Somali Channel ee dalka Ingiriiska.

***

Allaa mahad oo dhan iska leh. Hadda wuxuu codkii ololuhu gaaray adduunkoo dhan. Waxaan si darandoorri ah u tebiyaa barnaamijka loo bixiyey La-dagaallanka Qaadka oo toddobaadkii saddex jeer ka baxa TV-ga Somali Channel. Waxaa bilaabmay inay ii soo dhacaan farriimo kala duwan oo adduunka ka kala yimid, oo dhamaantood xambaarsan taageero iyo hambalyo. Helitaanka farriimahaasi waxay ii ahayd dhiirigelin weyn, waxayna ii sii xaqiijin jirtay inaan hayo waddadii saxda ahayd. Waxay kaloo farriimahani ii tilmaami jireen inaan dib loo noqon doonin ee horay loo socon doono. Guushuna ay imaan doonto, haddii Alle idmo. Waxaa kaloo bilaabmay dadka dariiqyada London markaan iska hor imaanno iyagoo dhoola-caddaynaya igu oran jiray "Abuukar Cawaaloow nooloow! ha ka harin, waxaad tahay geesi guuleyso," iwm.

Dabcan dhanka kalena, waxaa jiray ragga qaadka cuna iyo kuwa ka ganacsada oo meeshay igu arkaanba cay iyo aflagaaddadu ka soo horreeyaan mararka qaarkoodna gacan-ka-hadal iyo dhaawacyo la ii geysan jirey.

ILMADII DAREEREYSAY NIQAABKA HOOSTIISA!

Dumarka Soomaaliyeed waxay door weyn weligoodba ku lahaayeen taariikhda ummadda Soomaaliyeed; waxay ka soo qayb qaateen halgannadii waddanku soo maray waxaana lagu tilmaamaa inay yihiin lafdhabarta ummadda Soomaaliyeed. Markii ay dagaalladii sokooye waddanka afartiisa gees ka qarxeenna, dumarka Soomaaliyeed waxay ahaayeen kuwa dhibka ugu badan uu soo gaarey. Waayo, waxa dhinac walba ku dhimanayay waa wiilkeedi, ninkeedi, walaalkeed, dumaashigeed, iyo ehelkeed. Intaas keliya kuma ekaan dhibaatada haweenka Soomaliyeed soo gaartay ee waxaa la isugu daray dil, dhac iyo kufsi. Hooyo Soomaaliyeed ayaa iiga warrantay sheeko xanuun badan oo ku dhacday xilligii dagaallada sokeeye.

Waxay tiri: dagaalkii ayaa wuxuu igu qabsaday anigoo ninkeyga la jooga. Waxaan la noolayn reerka ninkayga, maalintii qado ayaa aan u kariyaa, habeenkiina waxay iga qarsan jireen sirta iyagoo ku andacoonaya naagtu waa reer hebel. Waxa sidaas samaynayaa wa ninka aan caruurta u dhalay iyo aabbihii iyo walaalihii. Waxaan go'aansaday inaan reerkeenna aado. Markaan cabbaar la joogay ayaa waxan arkay inay iyaguna sheekada iga qarsanayaan. Waxayna ku sababeeyeen waxaad tahay haweenay nin reer hebel ah u dhaxda oo waxaa suurtagal ah inaad sirteenna gudbiso.

Sidaas oo ay tahay, markii dhibku dalkeenna ka dhacay cidda lagu baxsaday ee dadka badbaadisay dal iyo dibadba waa gabdhaha Soomaaliyeed.

Dumarkii ka soo badbaaday colaadahaas ee soo gaaray waddankan Ingiriiska waxay la kulmeen caqabado badan oo ay ka mid yihiin luqadda, dhaqanka, cimilada iyo khataro waaweyn oo ku hareeraysan iyaga iyo caruurtoodaba. Hadday ahaato xaafadaha badanaa degaan ahaan la dejin jirey oo ay ku badnaayeen dhalinyaro iibiya daroogada, kuwo ka tirsan kooxaha loo yaqaan 'gaangiistarrada', kuwaasoo duufsaday dhalinyaro badan oo Soomaaliyeed.

Ma fududa in qurbaha lagu koriyo laguna barbaariyo ubad. Ubadkaasoo lagu barbaarinayo diintooda, luqaddooda iyo dhaqankooda. Sababtoo ah waa hawl adag oo u baahan labo waalid oo si wadajir ah uga shaqeeya arrintaas. Waxaa inta badan dhacda iyadoo labadii waalid wada joogaan, oo habeen iyo maalin gacmaha is-haystaan, in haddana farahooda lagala baxo carruurta, oo daroogiistayaal ama gaangiistarro ka duufsadaan.

Ogoow labada waalid ee wanaagsan waxay ku mintidayaan inay ilmahooda ku xifdiyaan diintooda, luqaddooda iyo dhaqankooda. Haddiiba labadii waalid ee gacmaha is-haystay si ay awlaaddooda u xifdiyaan ay haddana ilmahooda faraha hoostooda lagala baxay, maxaa fursad ah oo ay haysataa hooyo Soomaaliyeed oo keligeed ah oo aan luqadda iyo dhaqanka waddankaan aqoon, ninkeedina qayilaad ku maqan yahay? Jawaabtu waa fududdahay oo waa '0' eber. Sidaas ayeyna carruurta Soomaaliyeed u buux dhaafiyeen xabsiyada waddankaan. Taasna waa waxa

ILMADII DAREEREYSAY NIQAABKA HOOSTIISA!

uu qaadku dhaxal siiyey qoysas badan oo Soomaali ah oo deggan dalkaan Ingiriiska.

Isticmaalka qaadka oo aad ugu badnaa waddankan Ingiriiska iyo qaaraddan Yurub ayaa wuxuu sababay in aabbeyaal badan oo Soomaali ahi ay xilkoodii, masuuliyaddoodii iyo waajibaadkoodii waalidnimo gabaan. Aabbeyaashaas oo waqtigoodii intii badnayd u huray isticmaalka daroogada qaadka. Arrintaan waxay sababtay in qoysas badan oo Soomaaliyeed ay sidaas ku dumaan.

Markii xaaladda aabbeyaal badan oo Soomaaliyeed sidaas noqotay, oo cunista qaadka ay ka dhigtay maqane-jooga, oo aan ka war qabin xaaladda qoyskiisu ku sugan yahay, ayaa waxaa batay in wiilal yar-yar oo badani ay waxbarashada ku hoobtaan, oo ka tagaan dugsiyada ama laga cayriyo. Carruurtaas oo aan haysan shaqsi haga ama u noqda tusaale, ayaa qaar badan oo ka mid ah ku biireen gaangistariinta xaafadaha iyo kuwa daroogada gada.

Hooyooyinka Soomaaliyeed dadaal kuma yarayn. Waxay ku jireen marxalado aad u adag. Dayaca lagu dayacay carruurta waxaa u dheerayd aflagaaddo mararka qaarkood isu beddesha gacanqaad iyo qaylo joogto ah. Waxayna hooyooyinka qaarkood ku tilmaami jireen arrintaa sidii guri uu joogo nin waalan. Dhibaatooyinka waaweyn ee ka dhacay waddankaan Ingiriisku aad ayey u tiro badan yihiin. Waxaanna jeclahay inaan tusaale u soo qaato saddex ka mid ah oo ay saxaafadda Ingiriisku aad wax uga qoreen.

1- Sheekadaan xanuunka badan waxaa sameeyey nin qaadku dhibaato weyn ku hayey. Walaalkaas waxaa hayey cudurka shakiga oo aad ugu weynaadey. Wuxuu qabey marwo ehlu diin ah oo ku xiran masaajidka xaafadda, waxayna u dhashay 7 carruur ah. Hooyadaani marwalba waxay weheshan jirtey samirka, waxayna guriga ku aqrin jirtey Quraan. Odaygeedana waxay ka baryi jirtay inuu guriga yimaaddo si isagana loo saaro Quraanka reerk oo dhan la saaray. Arrintaas wuu ka diidi jiray wuxuuna had iyo jeer xaaskiisa ku eedeyn jirey in masaajidka looga taliyo.

Habeen habeennada ka mid ah isagoo qaad ka soo dhergay ayuu soo galay guriga oo la wada hurdo. Wuxuu abbaaray qolkii jiifka isagoo sita mindi weyn, wuxuuna xaaskiisi ku dhuftay 14 midiyood, halkaas ayeyna marxuumaddaasi samirka badnayd nafteedii ku weyday. Ilaahay ha u naxariistee waxay ka tagtay 7 carruur ah oo aabbe iyo hooyo la'aan ah.

2- Marwada labaad waxay ahayd hooyo 38 jir ah, oo qaadku gurigeedii dhibaato weyn u geystay. Waxay ahayd gabadh nadiif ah oo aan weligeed wax balwad ah isticmaalin. Laakiin qaadka inay cunto waxaa u geeyey masayr, waayo ninkeedii ayaa wuxuu ka raacay naag qaadka cunta. Wuxuuna shuruud uga dhigay hadday rabto inuu u soo noqdo, inaysan fiidkii seexan oo ay habeenkii u sheekayso oo ay qaadka la cunto. Sidaas ayeyna qaadkii ku baratay. Dhawr sano ka dib, way xanuunsatay. Iyadoo aad u xanuusan ninkiina uu ka tagay, ayaa waxaa la geeyey isbitaalka dhimirka. Muddo kooban ka dibna way roonaatay wayna ka soo baxday isbitaalkii. Hooyadaasi waxay dhashay 3 carruur ah oo yar-yar. Iyadoo ay xaaladdeedu sidaas ku sugan tahay ayey xoogaa ka dib markii isbitaalka laga soo saaray dib ka bilowday isticmaalkii qaadka. Waxay u arkeysay in qaadku u yahay wehel, maadaama uu ninkeedii ka dhaqaaqay markay xanuusatay.

Waxaa batay dayaca soo food saaray carruurteedii, dowladduna waxay u sheegtay in carruurta laga qaadi doono, loona geyn doono reer kale oo xannaaneeya oo koriya

ILMADII DAREEREYSAY NIQAABKA HOOSTIISA! 55

inta ay xaaladdeedu iska beddelayso.

Dhawr mar ayaa guriga lagu soo booqday, waxaana xaaladdeeda loola socday si weyn. Waxaa kaloo loo sheegay in maalinka berri ah loo imaanayo carruurtana la kaxayn doono. Habeenkaas oo dhan hooyadaasu qaad ayey cuneysay, waxayna aad uga welwelsanayd carruurteeda. Iyadoo sidii usoo jeedda qaadkuna afka weli uga buuxo ayaa waxaa la gaaray saacaddii iyo ballankii, albaabkana waa la soo garaacay. Waxay wadnaha siin weyday in caruurteeda iyadoo arkaysa laga dareersado, waxayna iska tuurtay daaqadda qolkeeda oo ahaa dabaqa 8aad! Dhulka markay ku soo dhacdayna madaxaa qarxay meeshii ayeyna naftu uga dhacday. Alle ha u naxariisto walaasheen.

Waxaa kale oo aad u badnaa hooyooyinka aan cidina ka warqabin ee har iyo habeen uurka ka ooyayey oo uu qaadku hor istaagay guushii guurkooda. Cidna kama warqabto waxay ku sugan yihiin hooyooyinkaas ilmadu ka dareereyso niqaabka hoostiisa.

***

Markii hooyooyinku ka war heleen oo ay TV-yadana ka arkeen ololahaan barakaysan ee sida xawliga ah ku socda oo aan kala joogsiga lahayn, waxaa dumarka Soomaaliyeed ee waddanka Ingiriiska gashay rajo weyn oo ay dib u hananayaan raggoodii qaadku kala tagay. Waxay bilaabeen inay u duceeyaan ololaha, hiil iyo hoona la garab istaagaan. Meel walba ama gole walba oo bulshadu isugu timaado markay maqlaan magaca Abuukar Cawaale iyo Ololaha Qaaddiid waxay bilaabi jireen mashxarad aan kalajoogsi lahayn. Waxaana wejiyadooda laga dheehan karay rayn-rayn iyo inay ciil dheer u qabeen qaadka.

Waxaan xusuustaa mudaharaadyadii looga soo horjeeday qaadka ee ka dhacayey magaalada London waxa qabowga iyo barafka dhacaya taagnaa waxay ahaayeen hooyooyinka Soomaaliyeed. Waxaa xusid mudan hooyooyinka magaalada Sheffield, oo 320 Kiiloomitir u jirta magaalada London, marka muddaharaad jiro halkaas ayey ka soo safri jireen iyagoo soo ijaaranaya basas waaweyn oo soo daabula hooyooyinka Soomaaliyeed ee ku nool magaaladaas. Waxaa waxaas oo dhan ka muhiimsanaa ducada hooyooyinkii sujuudda ku ooyayey ee Ilaahay ka baryayey in ololahaasi guuleysto. Waxaanna aaminsanaa in Ilaahay (SWT) noo hiilin doono, oo ducada hooyooyinkaas noo aqbali doono maalineey ahaataba.

SAXANSAXADII GUUSHA

Sannadku waa 2009kii ololuhuna waa afar jir soconaya. Waxaa aad u kordhay dadka ololaha taageeray, waxaanna ku guuleysannay inaan ururinno saxiixyada 72,000 oo qof oo ololaha taageersan. Waxaana markii ugu horeysay nalooga yeeray aqalka baarlamaanka waddanka Ingiriiska. Maalintaas waxaan u xusuustaa sidii inay shalay oo kale ahayd. Aroorta nala ballamiyey habeenkii ka horreeyey hurdada waan ladi waayey. Waxaan habeenkaas oo dhan ku jiray gadgaddoon. Waxaanna ka fekarayey toloow wasiirradaan aad la kulmi doontaan ma ku qanci doonaan doodda aan wadno?

Subaxaasi wuu ka duwanaaa subxihii hore. Salaadda ka hor ayaa aan kacay, waxaan akhrinayay waraaqo badan oo ka hadlaya sababta ay waddamada reer galbeedka kale sida USA, Canada, Germany iyo Sweden qaadka u mamnuuceen. Waxaanna gudagalay uruursi iyo isku duwidda khudbaddii iyo wixii aan ka oran lahaa shirka aan aroortii la gelayno wasiirradda waddanka UK. Salaaddii subax ka dib hurdada kuma noqon ee waxaan soo karsaday shaah, saacadduna markaas waa 04:00 AM ama 10:00 saac oo habeennimo, intaanu waagu beryin ka hor. Waxaan wadey diyaargarow iyo inaan Ilaahay baryo. Anigoo ka shaqaysiinaya maskaxdayda ayaa aan ku fekeray toloow maxay ku weydiin doonaan? Waxaan naftayda xilligaas ku oranayey haddii ay sidaas ku yiraahdaan, sidaas ugu jawaab. Waxaan mala-awaalayaa su'aalaha ay wasiirradu lacalla i weydiin karaan. Hadday sidaas ku dhahaana sidaas ku dheh ayaa aan ku jiray subaxaas oo dhan, ilaa laga gaaray xilligii ballanta. Albaabka guriga intaanan ka bixin ayaa aan Quraan aqristay oo Ilaahay (SWT) ka baryay inuu nagu guuleeyo munkarka aan la dagaallamayno. Waxaana ducooyinkayga ka mid ahaa Ilaahoow geesi aan nixin oo hadalka caddeeya iga dhig, oo Ilahoow na waafaji wixii khayr ugu jiro ummadda Soomaaliyeed.

Waxaa subaxaas boorsada iigu jira waraaqo aad u tiro badan oo ay ku qoran yihiin magacyo iyo saxiixyo gaaraya 72,000 oo qof. Waxaa kaloo boorsada iigu jiray kiilo qaad ah oo habeenkii intaanan seexan aan soo iibsaday oo aan ugu talagalay inaan miiska wada hadalka markaan fadhiyo hortayda soo dhigto. Waayo qaar badan oo ka mid ah dadka aan la kulmayaa weligood qaad ma aysan arag. Waxaana laga yaabaa ololahaan ka hor xataa inaysan maqlinba.

Tareenno dhawr ah iyo basas xayn ah waxaan kala beddeshaba waxaan isa sii taagay aqalka Ingiriiska looga arrimiyo ee baarlamaanka. Waxaa garabka ii suran boorso ay iigu jiraan xoogaa warqado ah, buugaygii yaraa ee xusuus qorka, qalimo kala nooc ah, biyo aan cabbo haddaan harraado iyo kiiloogii qaadka ahaa. Waxaan ahaa askari dagaal u soo diyaar garoobey oo kale.

Waxaa la igu soo dhoweeyey shirkii. Hareerahayga waxaa fadhiya xildhibaanno arrintaan danaynayay. Waxaana horteyda ka soo jeeda wasiirkii arrintani quseysay oo ahaa wasiirkii ka hortagga daroogada iyo dembiyada. Salaan guud iyo isbariidin subax wanaagsan ku bilaabmatay ka dib, waxay waasiiraddii tiri "shirkaan waxaa loo qabtay ka dib markii ay soo gaartay qaylodhaanta ololaha Qaaddiid." Iyadoo hadalkeeda sii wadata waxay raacisay "waxaanna ku siinaynaa fursad aan kugu dhegaysanno oo aad nooga warrantid dhibaatadan aad ka dacwoonaysaan nooca ay tahay iyo inta ay le'eg tahay."

Waxaan hadalkayga ku bilaabay ka mahad celinta inay ka soo jawaabeen baaqii ololaha Qaaddiid, waqtigooda qaaliga ahna ay u soo hureen inay dhegaystaan dhibaatada mujtamaca Soomaaliyeed ee deggen Ingiriisku ay qabaan. Run ahaantii haddii aysan imaan lahayn ama diidi lahaayeen baaqayga cidna wax uma raacan karteen. Sababtoo ah, waddankaan waxaa ku nool dad qiyaastii ku dhow 64 million, Soomaaliduna waxay ka tahay aqalliyad aad u yar. Laakiin tixgelin iyo banii aadannimo ku weyn ayey noogu soo fariisteen si ay nooga dhegaystaan dhibaatadannada.

Mahadnaq ka dib waxaan gudagalay inaan wasiirrada u sharraxo dhibaatada qaadku leeyahay, waxaanna tusaale usoo qaatay dhibaatadii iyo mugdigii uu i geliyey qaadku. Waxaa kale oo aan tusaale u soo qaatay dhibaatada uu ku hayo qoyska iyo carruurta. Waxaan gudiga u sheegay in qaadku baabi'iyay qoysas badan oo Soomaaliyeed. Dhanka kale, anigoo adeegsanaya awoodda shacabka Soomaaliyeed ee deggen waddanka UK, ayaa waxaan miiska wadahadalka saaray magacyada iyo macluumaadka 72 kun oo ah saxiixayaal Soomaaliyeed oo doonaya in qaadka laga mamnuuco waddankaan Ingiriiska. Markaan ma ihi shaqsi, ee waxaan ku hadlayaa dadkaas oo dhan magacooda.

Waxaan ku celceliyey in maandooriyaha qaadku dhibaatooyin farabadan uu ku hayo bulshada Soomaaliyeed, uuna yahay daroogo laga mamnuucay adduunka reer galbeedka oo dhan iyo wadamada Carabta, waddanka keli ah ee ay ku hartayna uu yahay Ingiriiska. Waxaan u sheegay guddiga in dhaqaatiirta iyo saynisyahannadu ay isku waafaqeen in qaadku keeno cudurro badan oo halis ah. Anigoo khudbaddaydii sii wata ayaa aan bilaabay inaan u qeybiyo wasiiradda iyo guddiga waraaqo ay ku qoran yihiin macluumaad iyo warbixinno ay diyaariyeen khubarada ku takhasustay dhibaatooyinka qaadka. Waxaan hadalkaygii ku soo gabagabeeyey in qaadku uu keeno burburka qoyska, dadka qaadka cunaana ay noqdaan kuwo aan shaqaysan.

Markii aan hadalkaygii dhammaystay oo aan guddoonsiiyey kiilo qaad ah ayaa aan u sheegay inaan diyaar u ahay wixii su'aalo ah oo ay qabaan. Waxay bilaabeen inay kiilada qaadka ah sawirro ka qaataan waxaana keli ah oo la i weydiiyay, ma noo sheegi kartaa sababta aad ololahaan u biloowday? Waxayna ahayd su'aashii ugu fududeyd ee la i weydiiyo. Waxaanna ugu jawaabay waa masuuliyad i saaran inaan uga digo dadka qaadka oo ka wacyi geliyo dhibaatada qaadka uu leeyahay. Sababtoo ah dhibaato weyn buu aniga ii geystay shaqsiyan, oo waataan wax yar ka hor idiin ka sheekeeyay. Qaad dhibaatadiisa haddaad rabtaan inaad ogaataan aniga eega noloshayda.

Gabagabadii shirka masuuliyiintii way ii mahad celiyeen, waxayna ii sheegeen hawsha aan wado inay tahay muhiim. Waxaa kale oo ay ii sheegeen inay xog kale uruurin doonaan dhinacyo kalana waraysan doonaan. Ka dibna ay xogtaas oo dhan u gudbin doonaan wasiirka arrimaha gudaha oo ah shaqsiga go'aanka kamadanbeysta ah iska leh.

Maalinkaas anigoo dareemaya inaan gool weyn soo dhaliyay ayaa waxaan barqadii ku soo noqday goobtaydii shaqada. Halkaas waxaa igu sugayay taageerayaal farabadan.

Dugsiga aan ka shaqeeyo markaas oo la oran jirey Copland School, maamulkiisa iyo macalimiinta badankoodu waxay ahaayeen kuwo ka warqaba ololaha aan wado, waxayna iga caawin jireen wax walba oo aan uga baahdo oo ay ugu horraysay in la ii oggolaado fasax aan waqtiga shaqada uga qeyb geli karo shirarka ku saabsan ololaha Qaaddiid.

Toddobaad ka dib waxaa la iga soo wacay isla aqalkii baarlamaanka. Markaan waxaa ii yeeray xisbiga mucaaradka ah ee *Conservative*-ka. Shaqsiga casuumaadda ii soo diray wuxuu ahaa wasiirka mucaaradka u qaabilsan arrimaha gudaha, Mr Grayling. Dabcan xisbiga mucaardka ahi waxay mar walba raadinayeen sidii ay ku soo jiidan lahaayeen dadka si ay cod u helaan doorashada soo socota ee sannadka 2010ka. Waxayna ka war heleen inuu aqalka baarlamaanka yimid nin Soomaali ah oo sheeganaya inuu wato 72 kun oo qof oo u codayn doona ciddii qaadka ka joojisa.

Waxaan aqbalay kulankii, waxaanna sidii caadada ahayd hore u soo qaatay waraaqahaygii iyo kiiladii qaadka ahayd. Waxaanse markaan codsaday in loo yeero wargeysyada magaalada. Waxaa la kulannay annagoo dhawr ah, waxaanuna u sheegnay inay naga dhab tahay Soomaaliduna codkooda siin doonto ciddii qaadka ka joojisa. Anigoo wasiirka la hadlaya ayaa waxaan iri Soomaali haddaan nahay dhibaatada ugu weyn ee na haysata waa qaadka wadankaan la keenayo. Haddii aad noo ballan qaaddaan inaad joojin doontaan qaadka, annaguna waxaan idinka ballan qaadeynaa inaan jaaliyadda Soomaaliyeed ku qancinno inay codkooda siiyaan xisbiga *Conservative*-ka.

Mr Grayling wuxuu si cad noogu sheegay in xisbigiisu gebi ahaanba mamnuuci doono ka ganacsiga qaadka haddii ay doorashada ku guuleystaan. Wuxuuna naga codsaday inaan kala shaqayno sidii Soomaalidu codkooda u siin lahaayeen xisbigiisa. Waxaan ka codsannay inuu si cad saxafiyiinta bannaanka taagan ugu sheego waxii aan ku heshiinnay. Waxaanna gacanta u geliyey kiiladii qaadka ahayd, isaga oo gacanta ku haya ayuu saxafiyiintii u sheegay in xisbigiisu gebi ahaanba mamnuuci doono qaadka.

***

Ololuhu markaan wuxuu u soconayaa si xawli ah. Dadkii oran jiray waxaani macquul ma aha ayaa bilaabay inay fikirkoodi beddelaan. Waxaa soo kordhay taageerayaasha ololaha, waxaana markaan la wada aaminsan yahay in goolkaan la dhalin karo guushaana la gaari karo. Dhanka kale, waxaa welwel weyn soo foodsaaray raggii qaadka ka ganacsan jiray, oo markii hore isku maaweelin jirey hadallo ay ka mid ahaayeen "ninkaan Abuukar Cawaale ah waa waalan yahay ee beeraha waxaa iska leh rag Ingiriis ah, weligeedna qaadka lama joojin doono." Haddase waxay arkeen idaacadihii ugu waaweynaa Ingiriiska — sida BBC iyo Channel 4— oo hadalhaya qaadka dhawr marna la iga waraystay. Sidoo kale, cinwaanka bogga hore ee wargeysyada ka soo baxa waddankaan ayaa waxaa ku qornaa in loo baahan yahay in qaadka laga mamnuuco waddankaan. Arrintaasi waxay wadno xanuun ku noqotay oo aad uga nixisay raggii qaadka ka ganacsan jirey. Waana markii u horreysay ee dawladda Ingiriisku oggolaatay in dhibaatada qaadka dibu-eegis lagu samayn doono loona saaray guddi ka soo talabixiya inta aan gebigiisaba la joojinin.

Waxaa soo batay qeyladhaantii iyo hanjabaadii ka imaaneysay marfishyada London. Waxaan maalin walba ii soo dhici jirey farriimo ay ka buuxaan cay, aflagaaddo iyo hanjabaad. Waxaana toddobaad walba i soo wici jirey dad qarinaya nambarradooda oo iigu hanjabi jirey inay i dilayaan. Laakiin ragga qaadka cunaa waa caadadoodee wax qorshe dhab ah oo ay ololahaan uga hortegayaan ma aysan samaysan. Waxayna inta badan i xusuusan jireen intay marqaansan yihiin habeenkii; maalinkii oo dhan intay hurdaanna shaqadayda ayaa aan qabsan jirey.

Waxaan dawladda Ingiriiska ku qanciyay in ragga qaadka cunaa ay yihiin rag aan shaqaysan oo qoysaskoodii dayacay, waddankana aan canshuur soo gelin. Sidaas daraadeed, maadaama raggaasi aysan diyaar u ahayn inay wax qabsadaan, waxaa loo baahan yahay in la badbaadiyo.

Xilliyada danbe ee habeenkii markay raggaasi isku dayaan inay goobaha bulshadu ku sheekaysato ku soo qoraan waxyaabo liddi ku ah ololaha Qaaddiid, waxaan ugu jawaabi jirey anigoo adeegsanaya suugaantii Abwaan Khalif Xayir ee oranaysay:

> *Qaladkiisa saxmoode*
> *La saxaayo qudhiisa*
> *Yaa qoraaya warkiisa*
> *Isagaan qumaneyne.*

KULA JIRAHA KAA JIRA

Hadda hawshu way ballaaratay; waxaana laga hadalhayaa waddanka oo dhan. Waxaa la qabanayaa doodo iyo wadahadallo kala duwan oo lala yeelanayo bulshada Soomaalida iyo ururrada magacooda metela. Waxaa sidoo kale soo baxay dad dano gaar ah leh oo dawladda ku jira kuwaas oo gebi ahaanba ka soo horjeeday in qaadka laga joojiyo waddanka Ingiriiska.

Dadka noocaas ah dhawr kulan ayaa aan foodda isku darnay anigoo mar walba ku eedayn jirey "waxaad tihiin dad aan kala jeclayn hoogga iyo halaagga haysta bulshada Soomaaliyeed. Dadka dhibaatadu haysataa haddii ay noqon lahaayeen dadka caddaanka ah ee dalkaan u dhashay sidaas uma aydaan hadasheen." Runtii way dhibsan jireen hadalladayda waxayna ii arkayeen inaan ahay nin hadal qallafsan, mawqif adagna ka taagan joojinta qaadka. Waxaan cod dheer iyo mid hoosaba ugu sheegay inaanu doonayno in gebi ahaanba la joojiyo qaadka, wax ka yar oo aan ku qancaynaana aysan jirin.

Nimankii Ingiriiska ahaa ee danahooda gaarka ah watay waxay qorsheeyeen inay kala jajabiyaan taageerayaasha ololaha. Waxay Soomaalida weydiin jireen horta Abuukar Cawaale yaa doortay oo howshaan u igmaday? Waxay kulanno goonni ah oo la iga qariyey la yeesheen qaar ka mid ah dadkii ila shaqaynayey. Waxaana loo sheegay inaysan habboonayn in gebi ahaanba qaadka hal mar la joojiyo.

Waxay u soo jeediyeen fikir lacag lagu heli karo oo dawlada laga qaadayo lacag looga shaqeeyo sidii bulshada looga wacyi gelin lahaa dhibaatada qaadka. Taasoo ay nimankaan Ingiriiska ahi ka soo dhammayn doonaan dawladda. Waxayna kula taliyeen raggii ila shaqayn jirey in Abuukar Cawaale xariga loo jaro oo ololahaan qaad joojinta lagu beddelo olole wacyi gelin ah. Mid walba oo iyaga ka mid ahina uu heli doono shaqo arrintaas ku aaddan iyo mushahar fiican. Arrinta ay wadeen waxay ahayd waxa afka qalaad loo yaqaan *'Project'* ama mashruuc, oo ah arrin Soomaalidu dalka gudihiisa iyo dibaddiisaba aad ugu waasheen, waxaanna anigu intooda badan u aqaannaa *qawda maqashii waxna ha u qaban.*

Raggaan aan u bixiyey kula jiraha kaa jira waxay qorshaynayeen in la geeyo shir ay nimankii Ingiriiska ahaa soo abaabuleen oo lagula kulmayey masuuliyiin sarsare oo ka socda wasaaradda arrimaha gudaha oo gebi ahaanba la doonayey in lagu afgambiyo ololaha Qaaddiid, hawshii aan muddada dheer ka soo shaqaynayeyna sidaas afka ciida loogu geliyo. Ilaahay (SWT) qadartiisa mooyee nimankaasi waxba noolama harin. Waxaa subax subxaha ka mid ah aroortii hore i soo wacay nin suxufi ah oo horay iiga waraystay arrimaha qaadka, oo looga yeeray meesha laguna yiri Soomaalidii codsigii qaad joojinta way ka noqdeen waxayna dalbadeen in lacag badan la siiyo si ay u sameeyaan wacyigelin ballaaran iyo goobo dadka qaadku dhibaatada u geystay lagu xanaaneeyo. Si deggan intaan ugu mahad celiyey ayaa aan iri fadlan ii soo dir qoraalka shirka iyo goobta uu ka dhacayo.

Waxaa ila wareegay dhulka. Aad ayaa aan u carooday. Waxaan is-iri raggii intaad wacdid u sheeg inaan ka war helay dhabarjebintii ay damacsanaayeen. Haddana waxaan is-iri afkaaga hayso oo shirka ka gaar, nasiib wanaag xilliga uu saxafigaasi i soo wacay waxaa weli shirka ka dhiman dhawr saacadood oo waqti fiican ayaa aan haystaa. Waxaan bilaabay inaan u diyaar garoobo difaaca ololaha, waxaanna horay u sii qaatay hubkii aan ku dagaal geli jirey ee ololaha soo gaarsiiyay meeshuu maalintaas joogey.

Waxaan dukaan Soomaalidu leedahay ka sii qaatay kiilo qaad ah oo mar walba oo aan dadka Ingiriiska ah la shirayo tusaale ahaan u sii qaadan jirey, markaan shirka ka soo baxana waxaan ku ridi jirey qashinka. Waxaa kaloo garabka ii suran boorsadii ay ku jireen waraaqihii ay saxiixeen taageerayaasha ololaha Qaaddiid.

Markaan ma ihi shaqsi keli ah ee waxaan ku hadlayaa magaca bulshoweynta Soomaaliyeed ee Ingiriiska oo dhan. Marka laga hadlayo qaadka iyo dhibaatadiisana waxaan noqday nin khibrad weyn u leh. Waxaa kale oo aan bartay intii uu ololuhu socday habka dowlada Ingiriiska looga dhaadhiciyo qaadka iyo dhibaatadiisa. Waxaanna mar walba adeegsan jirey tusaalayaal muujinaya haddii aan qaadka wax laga qaban inuu ku faafi doono bulshoweynta Ingiriiska oo dhan.

Waxaan dawladda u sheegnay in lacagta *cayrta* oo ay dawladdu bixiso lagu cuno daroogo. Waxaan dawladda Ingiriiska kula talinnay inay habboon tahay inaan lacag lagu khasaarin wacyigelin ee waa in dadkaan daroogada qaadka laga joojiyo loona abuuro shaqooyin, isla markaasna ay noqdaan dad canshuur bixiyayaal ah. sidaasna waxaa ku koraya dhaqaalaha waddanka. Si kale kuma garatide, waan tababaranahay waanna diyaarsanahay!

Waxaan tagey goobtii shirka xilli hore oo ergadii Soomaalida ahayd ee nimanka Ingiriiska ahi hogaaminayeen aysan weli imaan. Intaan koob shaaha soo shubtay ayaa aan fariistay kursi. Waxaan is-iri bal raggii Soomaalida ahaa ka kor bax bal waxay ku yiraahdaan arag. Labo ka mid ah raggii khiyaanada ku kacay ayaa aan wacay, midkoodna taleefanka igama qaban. Laakiin mid baa wuxuu ii soo diray farriin qoraal ah oo kooban oo oranaysa "Cawaale waxaan joogaa meel shir ah anigaana hadhoow ku soo wacaya insha Allaah." Midkii kale markaan wacay ayuu taleefanka ka jawaabay salaan iyo bariido ka dib, waxaan u sheegay bal inaan toddobaadkaan mar is-aragno oo aan wada falanqayno meesha xaaladdu marayso. Wuxuuna iigu jawaabay waa hagaag sidaas ayaa aanu yeeli doonnaa. Markaasaan anigoo is-maahinaya waxaan ku iri anigu waxaan joogaa xafiiskaygii dugsiga ee haddaad xaafadahaan joogto hadda xafiiska iigu imoow aan wada shaahaynee. Markaas buu wuxuu iigu jawaabay "maya walaaloow, maanta xaajiyaddii baa suuqa jirta oo hadda waxaan hayaa cuniggii yaraa". Ilaahoow nimaan wax ogeyn ha cadaabin!

Waan ogaa inuu been ii sheegayo, waayo waxaa hortayda yaalla liis ay ku qoran yihiin dadka shirka imaanaya magiciisuna waa ku jiraa, magacaygana haddeer markaan soo galay goobta shirka baan gadaal ugaga daray.

Waxaa si teel-teel ah u bilaabmay inay yimaaddaan dadkii shirka codsaday. Waxaana ugu soo horreeyay nin Ingiriis ah oo magaciisa la yiraahdo Mr Alex. Halmar. Markuu indhaha igu dhuftay ayaa wejigiisii isbeddelay, waxaanna ka dhadhansaday inuu niyadda iska weydiinayey war inkaar-qabahaan sidee buu xogta shirkaan ku helay? Qosolkii beenta ahaa ee lagu yaqaannay danaysteyaasha ayuu soo dhoollacaddeeyey oo igu yiri "subax wanaagsan, Mr Abukar." Aniguna waxaan ugu jawaabay "subax wanaagsan", waxaanna sii watey sii diyaargarowgii oo weliba markaan anigoo isaga u dan leh ayaa waxaan hadba dhinac u rogaa waraaqahaygii tirada badnaa. Suu intuu ii soo dhowaaday ayuu i weydiiyey "Abukar shirkaan yaa kuugu yeeray?" Anigoo warqadahaygii sii rogrogaya ayaa waxaan ugu jawaabay sida waraaqaha ku qoran arrinta shirkaan looga hadlayo waa sidii xal loogu heli lahaa dhibaatada baahsan ee qaadku ku hayo Soomaalida. Anigoo aad u caraysan ayaa waxaan ku iri "su'aasha isweydiinta mudani waxa weeye adigu yaad meteshaa? Soomaali danteeda in aadan wadin waan ogahay! Ma waxaad tahay shaqsi u dooda danta dadka daroogada ka ganacsada?"

Intuu xanaaqay ayuu yiri "weligaaba si kulul oo foolxun baad u hadashaa. Laakiin waxaa fiican inaan meel dhexe isugu nimaadno oo aan wada shaqaysano." Si kulul ayaa aan u iri "wax wada shaqayn ah nagama dhexayn doonto adiga iyo kuwa ku daba socda oo shilinnada raadinaya."

Markaan hadalkii dhamaysanay aniga iyo Mr Alex ayaa waxaa hal mar si wada jir ah albaabka uga soo galay labadii khaa'in ee Soomaalida ahaa. Markay indhaha igu dhufteen ayey naxeen. Juuqla' iyo jaaqla', qamdariiran iyo weji-gabax ayaa ka dhacday. Dhoollacadays been ah ka dib, iyagoon juuq ii oran ayey miiska gees ka fariisteen. Labadaan nin marka laga hadlayo arimaha ololaha iyo waxyeellada qaadka waan ka khibrad badanahay. Dabcan waxyaalo kale oo ay iiga fiican yihiin way jiri karaan. Laakiin; arrinta qaadka marka laga hadlayo waa rag aan anigu daadihinayey oo meel aan joogo kama hadli karaan —iyaga iyo nimanka Ingiriiska ah ee horboodayaaba.

Kuwaasi markay hadlayaan hadalkoodu waa iska qaboow, waxaana laga dareemayaa dantooda oo dhan inay tahay xoogaa lacag ah oo ay ka ritaan dawladda. Laakiin waxaan qabaa welwel weyn oo waxaan uurka iska leeyahay ninkaan Ingiriiska ahi meeshu waa dalkiisii dadka aan la hadlayaana waa dadkiisiiye, toloow armuu kaa badiyaa oo isagu siduu rabo loo yeelaa.

Laakiin waxaan talo saartay Mawlaha (SWT), oo ciddii talo saaratba aysan innaba wax qasaare ah gaarayn. Waxaan ogahay oo aaminasanahay inaan Eebbe dayacaynin inta hooyooyin Soomaaliyeed ee sujuudda ku ooynaysay oo u ducanaysay in ololahaani guuleysto. Waxaa kale oo aan ku kalsoonaa in waxa aan sheegayo ay yihiin runtii oo keli ah, oo aanan wax isdabamaris ahi ku jirin. Anigu markaan hadlayo waxaanba warka ku bilaabaa war dabkaan anaa ku gubtay oo waxaan ahay nin soo dhadhamiyey dhibaatada qaadka. Waxaana ila aaminsan arrintaan qaad joojinta 72,000 kun oo qof oo warqadahaan saxiixay.

Hadalkii waxaa noo furay masuuliyiintii wasaaradda arrimaha gudaha oo kala ahaa laba dumar ah iyo nin. Waxayna hadalkooda ku bilaabeen "soo dhowaada waxaan halkaan u nimid inaan dhegaysanno waxa iska beddelay arrintii joojinta qaadka ee ay Soomaalidu horay u codsatay. Iyo habka cusub oo aad isleedihiin waxaa xal loogu heli karaa dhibaatadaan qaadku uu ku hayo dadka Soomaaliyeed. Marka soo dhawaada, yaa ku hormaraya?" ayuu hadalkiisii ku soo gabagabeeyey isagoo dhinacyada eeg-eegaya.

Labadii wiil ee Soomaalida ahaa waxay sugayaan in ninkii Ingiriiska ahaa u hadlo, hadhowna ay ka daba dhahaan sax weeye, sax weeye, oo ay u jiibiyaan belaayada uu maleegayo.

Aniga qorshahaygu waa inaan dhegayso waxa nimankaani miiska la yimaaddeen, ka dibna waxaan rabaa inaan weerar ku qaado dooddooda oo aan goobta ka sheego inaysan nimankaani cidna metelin.

Waxaa hadalkii bilaabay ninkii Ingiriiska ahaa ee Mr Alex, wuxuuna sheegay in ay jirto dhibaato yar oo qaadku leeyehay. Isagoo hadakiisa sii wata ayuu sheegay "in dadka qaadka cunaa ay yihiin dad aad u yar, Soomaalida badankooduna aysan cunin qaadka. Wuxuu intaas ku daray dhibaatadan la sheegayo ee la buunbuuniyay ee la leeyahay dad ayaa waxaa ku dhacay cudurrada dhimirka inaan wax cadayn ah loo haynin. Waxaana laga yaabaa dad ku soo xanuusaday dagaalladii sokeeye ee Soomaaliya ka dhacay inay yihiin. Sida ugu haboon oo dadkaan loola dhaqmi karaana inay tahay in la daaweeyo lagana wacyi geliyo isticmaalka qaadka. Arintaan ayaa aan isku raacsannahay annagoo ah 'Somali Khat Project'."

Marka uu qodob hadalkiisa ah dhameeyaba wuxuu eegayaa labadii nin ee Soomaalida ahaa oo aad mooddo inuu ku leeyahay war sow iguma raacsanidiin arrinkaan. Iyaguna madaxa ayey u ruxayeen oo way u jiibinayeen. Mr Alex hadalkiisii markuu dhammaystay ayaa waxaa lagu yiri yaa kale oo wax ku daraya? Labadii nin midkood ayaa hadalkii qaatay, asagoo naxnaxsan ayuu yiri "haddaanu nahay jaaliyadda Soomaaliyeed ee UK waxaanu ku raacsannahay Mr Klain ee howshaan wada, waxaanu codsanaynaa inaad naga aqbashaan."

Halkaas markay marayso sheekadu aniguna aan caro basteey la ahay, ayaa haweeney ka mid ah guddigii ayaa tiri "haye, Mr Cawaale maxay tahay aragtidaada? Maxaadse ku daraysaa hadalka raggaan kaa soo horreeyay?" Waxay raacisay, "waxaan akhriyey sheekadaada iyo jabkii aad ka soo martay qaadka, waxaa kale oo aan la soconnaa inaad hawshaan muddo dheer ku jirtay codsigaaguna ahaa in gebi ahaanba la joojiyo qaadka. Haddaba maxaa soo kordhay oo aad fikirkaagii u beddeshay?"

Gabadhaas masuuliyadda ahi intay hadlaysay niyadda ayaa aan ka qoslayey oo waxaan ogaadey inay la socoto hawlihii aan muddada dheer ku soo jirey. Intaysan shirkaanba imaan ayey soo baareen meesha xaaladdu marayso.

Anigoo faraxsan ayaa waxaan hadalkaygii ku bilaabay inaan guddiga uga mahad celiyo waqtigooda. Waxaan ku iri oo ku tilmaamay ayaandarro "in shirkaan la iga qariyey oo saaxiibaday ay qorsheeyeen in aanan ka soo qayb gelin. Anigoo hadalka sii wata, ayaa waxaan tilmaamay marka dawladi go'aan gaareyso waxaa habboon oo dimuqraadiyaddu ku jirtaa in la maqlo labada dhinac ee iska soo horjeeda. Laakiin waxaad mooddaa saaxiibadeey inay arrintaas ka baqeen. Waxay qarinayaan iyo danta goonnida ah ee ay leeyihiinna ma garan karo! Balse sidaad u la socotaan ololahaan waxaa taageeray dad gaaraya 72 kun oo qof oo aan halkaan ku hayo saxiixyadoodii, magacyadoodii iyo macluumaadkoodii oo dhammaystiran. Waxa aan ku hadlayaana waa magaacooda, mana garan karo cidda ay metelaan nimankaan fikraddaan qalloocan wata oo la soo shir tagey wixii lagu heshiiyey waxaan ahayn. Weydiiya nimankaan, bal haddii ay haystaan saxiixyada ama macluumaadka 10 qof oo jaaliyadda Soomaalida ah. waxaanse ku dhiirran karaa inaysan taageero ka haysan bulshada Soomaaliyeed ee deggan dalkaan."

Anigoo hadalkaygii sii wata ayaa waxaan tilmaamay codsigii ay soo jeediyeen nimankaan danaystayaasha ah, oo ahaa inaan qaadka la joojin. Dadku markay ku xanuunsadaan qaadka hala daaweeyo. Arrintaa waxaan ku tilmaamay fikir aan meel fog wax ka eegayn. Waxaanna guddiga u sheegay in cudurka oo laga hortagaa ay ka fiican tahay in la daweeyo. Masuuliyiintiina madaxa ayey u ruxeen oo u riyaaqeen qodobkaas iyo hadalkeyga. Waxaa kale oo aan miiska soo saaray warbixinta iyo natiijada baaritaan cilmiyeed oo lagu sameeyay dhimashada la xiriirta isticmaalka qaadka. Waxaa kale oo aan miiska soo saaray sharcigii hay'adda caafimaadka adduunka ee loo yaqaan 'WHO' ay ku aqoonsatay qaadku inuu yahay maandooriye halis ah. Sidoo kale, waxaan guddiga xusuusiyey in waddamada reer galbeedka oo dhami isku raaceen in la joojiyo qaadka uuna mamnuuc ka yahay waddamadaaas dhammaantood.

Halkaas markay marayso sheekadu ayaa waxaan soo xusuustay tababar aan horey u qaatay oo ku saabsanaa sida dadka fikirkaaga loo geliyo. Tababarkaas waxaa ku jirey qodob haddaan af Soomaali u beddelo noqonaya hadalka dareenka iyo xanuunka huwan wuu ka awood badan yahay hadallada kale —waayo wuxuu ka soo baxaa wadnaha qofka sheegaya wuxuuna toos u abbaaraa wadnaha qofka loo sheegayo.

Qodob kale oo aan isla tababarkaas ku qaatay ayaa wuxuu qeexayey inaad kala garato cida aad la hadlayso iyo qaabka aad ula hadlayso. Waayo hawlaha qaarkood marka laga hadlayo dumarka ayaa ka qalbi jilicsan ragga. Anigoo tababarkaas aan horey u soo qaatay adeegsanaya ayaa waxaan go'aansaday inaan akhriyo warqad ka mid ah warqadaha loo yaqaan sheekooyinka shaqsiga ah oo aan weligayba ururin jirey. Sheekadaan waxaa qortay gabadh yar oo Soomaali ah oo 11 jir ah oo dhigata dugsiga Copland ee aan kashaqaynayey. Waxaan guddiga u sheegay inaan jeclahay inaan u soo gudbiyo sheekada Ayaan iyo sida qaadku u saameeyey qoyskooda. waxayna guddigii iga codsadeen inaan warqadda akhriyo.

Waad salaaman tihiin. Magacaygu waa Ayaan waxaan dhigta dugsiga Copland waxaanna ahay fasalka 6aad. Waxaan ku dhashay magaaladan London waxaanna la noolahay hooyaday iyo labo walaahay ah oo iga yar-yar. Aabbahay mararka qaar guriga wuu joogi jirey, marar badanna maba aanaan arki jirin. Waagaan yaraa ma aan ogayn dhibaatada aabbahay haysata. Laakiin, waxaan habeen walba ku toosi jirey isagoo hooyo ku qaylinaya oo la dagaallamaya. Mararka qaarkoodna aabbahay wuxuu dili jirey hooyaday.

Anigu waan ogaa laakiin, hooyaday waxay isku dayi jirtey inay naga qariso. Laakiin, waan ogaa niqaabka wejiga ugu xiran hoostiisa inay ilmadu dareerayso, waxaanna Ilaahay ka baryi jirey inuu aabbahay ka qabto sida uu hooyaday u la dhaqmo. Aniga iyo walaalahay marka aabbe guriga soo galo waxaan ku carari jirney qolkayga, oo labada walaalahay ah oo iga yar iyo anigu waxaan qabsan jirnay dhegaha si aannaan qaylada u maqal.

Markaan aad u baqno waxaan wici jirney booliiska aabbahayna way naga kaxayn jireen. Aabbahay in booliiska loogu yeero ma uusan jeclayn. Maalintii u danbeysay intuu hooyaday madaxa qabtay ayuu ka tuuray jaranjarta! Dagaalkaasna wuxuu ka bilaabmay aabbahay wuxuu doonayay lacag uu qaad ku cuno hooyadayna waxay lahayd lacagta carruurta biilkooda ku siin maayo.

KULA JIRAHA KAA JIRA

Warqadda markaan akhrinayo codkaygii waa isbeddelay waxaanna isku celinayaa ilmada. Waxaan dareemayaa Ayaan-yareey iyo xanuunkay soo martay. Waxaanse isku dayayaa inaan warqadda dhammeeyo. Guddiga iyo dadka meesha fadhiyaa qof erey oranaya ma leh; qof walbaa wuxuu dhegta u raaricinayaa qisada Ayaan-yareey iyo qoyskeeda.

Qoraalkii Ayaan-yareey aqrintiisii ayaa aan sii wadey— Ayaan waxay tiri:

> Hooyadeey waxay ka jabtay lugta midig. Aabbahayna intuusan booliisku imaan, wuxuu damcay inuu baxsado, laakiin waxaa soo qabtay booliiska. Anigu qaadka waan necebahay, aabbahayna qaadka ayaa iga qaatay oo hadda wuxuu ku jiraa xabsi. Ilaa haddeerna gabdhaha walaalaheey marmarka qaarkood habeenkii way sasaan oo waxay ku riyoodaan aabbe oo hooyo dilaya!
>
> Waxaan idin ka codsanayaa oo aan idin ka baryayaa inaad badbaadisaan carruur badan oo dhibaatadaan mid la mid ah ay haysato, ama ka daran ku nool. Waxaannaa idinku boorrinayaa inaad u hiilisaan carruurta yar-yar ee aan isdifaaci karin ee dhibaatada qaadku ku habsatay. Waa inaad qaadka si degdeg ah u joojisaan si ay carruurta soo koreysaa aabbahood markuu guriga soo galo ugu farxaan. Waayo, aniga iyo walaalaheey markuu aabbe yimaaddo waan nixi jirney oo waxaan ku dhuuman jirney qolkayga.

Waxaa gebi ahaanba isbeddelay dareenkii masuuliyiinta— siiba labadii dumarka ahaa. Midi waxay bilowday inay wejigeeda ilmadu ka dareerto oo intay istaagtay ayey tiri "wax yar iga raalli ahaada", oo waxay u dhaqaaqday dhinaca daaqadda. Iyadoo ilmada iska tiraysa daqiiqado ka dib ayey soo noqotay. Waxayna iyadoo i soo eegeysa codkeeduna xiran yahay igu tiri "Abukaroow ballan ma iga qaadaysaa?" Waxaan iri "waa maxay ballanta aan kaa qaadayaa?" Waxay tiri "waxaan rabaa inaan Ayaan la kulmo oo aan isku duubo oo aan bogga geliyo oo aan u sheego inaan helay farriinteedii. Waxaanna jecelahay inaan dugsiga ku soo booqdo." Aniguna waxaan u sheegay "waan gaarsiin doonaa Ayaan farriintaada, waana kugu soo dhoweyn doonaa dugsiga maalintaad doonto noo imoow albaabku waa kuu furan yahay."

Shirkii maalinkaas wuxuu ku soo gabagaboobey jawi dareen weyn wata. Waxaanna dareensanaa inaan gool weyn dhaliyey! Waxaan arkay labadii nin ee khaa'imiinta Soomaalida ahaa iyo ninkii Ingiriiska ahaa oo si degdeg ah shirka uga baxay. Inta shirku socdayna labada nin ee Soomaalida ahi wax badan maysan sheegin. Midkoodna waaba hurdeysnaa oo waxaan u malaynayaa wuxuu ahaa ragga qaadka cuna oo habeenkaas oo dhan buu soo jeeday! Aniguna waan ku kalsoonaa inuusan nin qaad cunaa agtayda geed ka goosan karin.

Toddobaad ka dib masuuliyiin ay hoggaamineyso gabadhii agaasimaha wasaaradda arrimaha gudaha ayaa nagu soo booqday dugsiga. Waxayna la kulmeen Ayaan iyo hooyadeed. Waxaa kaloo ay la sheekaysteen maamulaha dugsiga oo sheegay inay Ayaan tahay gabadh aad u maskax badan oo dugsiga aad looga jecelyahay.

GEESIGII NA GARAB ISTAAGAY

Mudane Xildhibaan Mark Lancaster oo ah xildhibaanka magaalada Milton Keynes ee dalka Ingiriiska, ayaa ahaa nin arrintaan in qaadka la joojiyo aad u taageersanaa. Inkastoo uusan ahayn xildhibaan magaalada London metelayay—haddana aan arkay isagoo arrintaa wax laga weydiiyay oo kiilo qaad ah gacanta ku haya oo si adag uga hadlaya dhibaatada qaadka. Xildhibaanku wuxuu sheegay inuu taageersan yahay ololaha lagu doonayo in gebi ahaanba lagu mamnuuco qaadka. Isagoo arrintaas ka hadlaya ayaa wuxuu yiri "waxaa maagaaladayda deggan Soomaali badan, qaadkuna dhibaado faraweyn uu ku hayo, waxaana loo baahan yahay in arrintaas si degdeg ah wax looga qabto."

Ka dib markii aan akhriyey qoraalladiisa ayaa waxaan goostay inaan ninkaas la kulmo, oo aan uga mahad celiyo taageerada uu noo muujiyey. Waxaanna si degdeg ah ula xiriiray taageerayaasha ololaha ee magaalada Milton Keynes. Waxaan u sheegay inuu ninkaan innoo hiiliyay oo uu innaga mudan yahay labo waxyaalood: kow in doorashada soo socota Soomaalida magaaladu ay codkooda siiyaan oo ay isaga dib u doortaan si uu hawsha noola sii wado, uguna dhiirrado. Waayo, waxaan ogaa sideedaba siyaasiyiintan sida ugu habboon ee loogu mahad celiyo waa loo codeeyaa. Markaasna waxaan noqonaynaa bulsho dantooda ciddii wadda doorata.

Bulshada Soomaalieed ee reer Milton Keynes arrintii aan soo jeediyey aad ayey u soo dhoweeyeen waana iga aqbaleen. Waxay ii sheegeen inay doonayaan inay xildhibaanka la kulmaan, ayna diyaarsadeen goobtii shirka iyo barnaamijkii ay kala hadli lahaayeen xildhibaanka. Sidaas aawadeed, waxay iga codsadeen inaan ballan ka soo sameeyo xildhibaanka. Howraarsan iyo howshaas aniga igu daaya ayaa aanu isku af garannay.

Isla toddobaadkiiba waxaan la xariiray xafiiska xildhibaanku ku leeyahay magaalada London. Waxaana la ii sameey ballan aan ku arki doono Mudane Mark lancaster. Dhawr bari ka dib waxaa noo qabsoomay kulankii, waxaanna u sheegay shaqsiga aan ahay. Waxaa madaxda Ingiriisku caado u leeyihiin inta aysan shaqsiga la kulmin inay soo baaraan qofkaan u soo socdaa wuxuu yahay iyo danta uu ka leeyahay, taasoo u fududaynaysa markaan kulanno inaan si fudud isula jaan qaadno.

Kulanka anaa codsaday, ka dib markii aan uga mahad celiyay waqtigiisa, gabadh kalkaaliye u ahaydna ay ii keentay koob shaah ah, ayaa waxaan guda galay arrintii aan u socday. Waxaanna u sheegay inaan ka warqabo sida uu Soomaalida degmadiisa deggan ugu hiiliyey. Waxaan kaloo u sheegay in shaqada iyo taageerada uu noo fidiyey aysan saamayn ku lahayn magaaladiisa oo keli ah ee Soomaalida waddanka Ingiriiska joogta oo dhami kuu sacabbo tumayaan. Waxaa kale oo aan u sheegay inaan doonayo inaan magaaladiisa shir weyn ku qabto oo aan isugu keeno jaaliyada Soomaalida ee Milton Keynes, oo aan si wada jir ah kuugu mahad celinno.

Sidoo kale waxaan u sheegay ujeeddada shirka oo ahayd isbarasho, wada-shaqayn iyo in la adkeeyo xiriirka bulshada Soomaalida ah ee deggan magaalada Milton Keynes iyo xildhibaankooda. Waxaan u ballan qaaday xildhibaanka hadduu nagala shaqeeyo sidii looga joojin lahaa maandooriyaha qaadka waddankaan Ingiriiska —inaan ku boorrin doonno jaaliyadda Soomaaliyeed ee Milton Keynes inay u diyaar garoobaan doorashada soo socota codkoodana ay siiyaan xildhibaanka dantooda iyo mustaqbalkooda ka shaqaynaya oo ah adiga, Mr Mark.

Run ahaantii, arrintaas aan u soo jeediyay xildhibaanku aad ayuu ugu farxay. Wuxuuna dhawr mar oo isdabajoog ah igu yiri "mahadsanid, mahadsanid". Wuxuuna ii sheegay inuu shirkaan aad u soo dhoweynayo maalmaha Sabtiga iyo Axadda kii idinka idiin fiicanna aad ii soo sheegtaan. Waxaana u sheegay inaan isla maanta farriin u soo diri doono markaan bulshadii Soomaalida ee magaalada la hadlo sidaas ayaanuna ku kala tagnay.

Labo maalmood ka dib waxaan goor barqo ah u safray magaalada Milton Keynes. Waxaan wataa udbahaygii iyo dhigahaygii. Waa hubkaygii ladagaallanka qaadka oo ay ka mid yihiin warbixinnadii dhaqaatiirta iyo saynisyahannada ku takhasusay dhibaatada qaadka iyo waraaqihii kale ay ku qornaayeen saxiixyada iyo macluumaadka taageerayaasha ololaha Qaaddiid. Waxaa ila socda wiil TV-ga Somali Channel u shaqeeya. Waxaana ii qarsoon shahaado-sharaf aad u qurux badan oo aan xildhibaanka ugu talagalay oo ay ku qoran tahay "Abaalkaad noo gashay ma illoobi doonno, waadna ku mahadsan tahay. Waxaad badbaadinaysaa carruur iyo hooyooyin dhibaataysan."

Waxaa si fiican noogu qabsoontay xafladdii. Habeenkaasina wuxuu ahaa habeen loo sacabbo tumayey Mudane Mark Lancaster, hooyooyinka Soomaaliyeedna waxay soo bandhigeen buraanburro cajiib ah oo Xildhibaanka lagu ammaanayo. Inkasta oo turjumidda buraanburku aad u adagtahay oo marka af Ingiriisi lagu sheego dhadhankuba ka lumayo, haddana waan u sheegay qaar ka mid ah ereyadii qiirada huwanaa ee meesha laga soo jeedeeyiyey.

Si kastaba ha ahaatee, Xildhibaanku wuu helay farriinta, wuuna ka mahad celiyey. Wuxuuna runtii aad uga xanuunsaday wiil yar oo aabbihiis qaadku dilay, dhaqaatiirtuna xaqiijiyeen waxa beerkiisa googooyey inuu ahaa qaadka. Wiilkii agoonka ahaa ayaa khudbad af Ingiriisi ah meesha ka soo jeediyey oo runtii dadkii shirka joogey oo dhan aad u taabatay. Gabagabadii shirka waxaan aniga iyo jaaliyadda Milton Keynes si wada jir ah xildhibaankii u guddoonsiinay shahaado sharaf cajiib ah oo qurux badan. Waxaanna anigoo la kaftamaya u sheegay dhaqanka Soomaalida ninka adiga oo kale ah oo geesiga ah waxaa lagu daraa gabadh. Laakiin waan ogahay inaad xaas leedahay oo aan mid kale laguu oggolayn sida aniga oo kale. Intuu qoslay ayuu yiri; "Abukaroow meesha fursad baa igu dhaaftay."

Ugu danbayntii waxaa makarafoonka lagu wareejiyey Mudane Mark, markaan magiciisa soo hadal qaaday oo uu soo istaagayna waxaa gariirtay goobtii shirka waxaana isqabsaday sacab iyo mashxarad.

Xildhibaan Mark oo run ahaantii aad u la yaabay sida loo soo dhoweeyey ayaa madasha khudbad ka soo jeediyay. Wuxuuna ballan qaaday inuu noo dagaallami doono, Soomaalidana laga rabo inay codkooda siiyaan. Wuxuuna aad uga mahad celiyey habeenka uu ku tilmaamay habeen yaab leh. Subixii ku xigay waxaa wargeysyada magaalada Milton Keynes looga warramayey hawsha la yaabka leh ee aan looga baran ee Soomaalidu xalay sameeyeen, kuna abaal mariyeen xildhibaanka dagaalka u galay.

MURUGO IYO MASHXARAD

Waa Ilaahay mahaddiise ololuhu wuxuu marayaa meel aad u sarraysa. Waxaa laga hadal hayaa warbaahinta Ingiriiska oo dhan iyo kuwa Soomaalidaba. Waxaa rajo weyn qaba marwooyinka Soomaaliyeed ee muddada dheer u ciil qabey qaadka, oo hadda dareemaya inay guushii soo dhowdahay. Waxayna arrintaan ka tiriyeen suugaan farabadan oo uu ka mid ahaa buraanbur ay ereyadiisa ka mid ahaayeen:

> *Ciil dheer baan qabnoo*
> *Waad na caawisee*
> *Cawaale ha quusan.*

Dhanka kale, waxaa bilaabmay guux iyo qaylodhaan ka soo yeeraysa Kenya. Iyagoo si weyn uga welwelsanaa ganacsigoodii ugu weynaa ee ay sannad walba ka heli jireen lacag gaareysa $500 000 000 (shan boqol oo milyan oo doolar) oo hada khatar ku jirta. Waxaana dalka Kenya ka bilaabmay abaabul iyo sidii looga hortegi lahaa inaan sunta cagaaran ee qaadka laga joojin dalka Ingiriiska. Waxaa layaab ah indhaadaygga Kenya! Suntaas gaal iyo Muslinba isku waafaqeen inay dilaa tahay, bay rabeen inay dad ka aqoon iyo ilbaxnimo badan ka dhaadhiciyaan inaan qaadku dhib lahayn. Waxaa iyaduna ah wax lagu qoslo magaca ay dadka beeraha qaadka lihi ula baxeen suntaas *'Dahabkii Cagaarnaa'*. Waxay Kenya iyo dadkeeduba wacad ku mareen inay difaacayaan ka ganacsiga qaadka, kana hortegayaan tallaabooyinka lagu doonayo in qaadka Ingiriiska lagaga joojiyo.

***

Waxaa difaaca qaadka hogaaminayey guddoomiyaha gobolka Meru oo ah gobolka qaadku ka baxo ee dalka Kenya, Mudane Pitter Munya. Waxaa bilaabmay shirar isdabajoog ah, oo ka dhacaya Kenya. Inkastoo aanan Kenya weligay tegin, haddana lagamaba yaabo inaan tago. Waayo waxay ii arkaan nin burburiyey dhaqaalahoodii, haddana waxaan tallaabo-tallaabo ula socday wax walba oo ay wargeysyada Kenya qoraan oo ku saabsan ololaha qaad-difaaca ee Kenya.

Kenya waxay ugu baaqaysay Ingiriiska inay yihiin dad diin ahaan masiixi ah oo ay diin wadaagaan. Waxay kaloo ku goodinayeen in Ingiriisku faa'iidooyin badan ka helo Kenya, oo ay ka mid tahay ciidamada Ingiriiska oo saldhig weyn oo ciidamada lagu tababaro ku leh Kenya. Iyagoo qodobbadaas oo dhan ku beer laxawsanaya ayaa waxay Ingiriiska ugu baaqeen inaysan qaadka marnaba joojin. Ninka la yiraahdo Mr Munya mar uu saxaafada Kenya la hadlayey, ayaa wuxuu tilmaamay in qaadka Ingiriiska la geeyo lacagta laga helo qaarkeed loo isticmaalo in lagu fidiyo diinta Masiixiga.

Warbaahinta waaweyn ayaa waxay bilaabeen inay soo tebiyaan cabaadka ka dhacaya beeraleyda daroogada qaadka ka ganacsada, iyo masuuliyiinta Kenya oo difaacayey danaha dadkooda. Waxayna Kenya qorshaysay inay ololaha ka socda Ingiriiska dhabar jebiso oo ay adeegsato cid walba oo arrintaas ka caawin karta, oo ay ugu horreeyeen rag masuuliyiin Soomaaliyeed ah oo ku nool Nairobi. Waxay Kenya noo soo dirtay dhawr farriimood oo kala duwan oo ku aaddan inaan isaga tanaasulno ololahaan, iyagoo doodda ku darsanayey waxaa qaadka Ingiriiska la keeno ku nool kumannaan Soomaali ah iyo Kumannaan ah walaalaha Kenya. Hoos baan waxaa ka lahaa *"walaalkaa waa!"*.

Waxaa beryahaas oo dhan iska soo daba dhacayey taleefanno iyo farriimo ka imaanaya Kenya. Waxa la ii adeegsanayaana waa damiirlaawayaal Soomaali ah oo xoogaa shilimaad ah la soo siiyey. Waxaa la ii fidiyey casuumaad ay heersare ku tilmaameen inaan ku imaaddo Nairobi. Waxaana la ii sheegay in Iskaashatada Qaadka ee Kenya ay ka war qabaan dhibaatadii uu qaadku isoo gaarsiiyey, waxayna diyaar u yihiin inay magdhow i siiyaan!

Arrintaas waxaan ku tilmaamay gef iyo aflagaaddo, anigoo iyaga u jawaabayana waxaan ku iri "waxaan wax badan baan akhriyey in dadka Kenya intooda badan ay aaminsan yihiin wixii ka horyimaadaba in laaluush iyo musuqmaasuq lagu xalliyo. Laakiin anigu lacagtiinna ma rabo, Nairobina uma soo socdo. Waxaana aniga magdhow iyo guul iyo ajar iigu filan dhoolacaddaynta ka muuqata hooyooyinka Soomaaliyeed ee rajada weyn ka qaba in mardhow Ilaahay ka kor qaadi doono dhibaatadii qaadka, oo guryahooda dhibaato weyn ku haysay."

Wixii intaas ka danbeeyay Kenya waxay bilowday hanjabaad iyo cagajugleyn ay leeyihiin *ogoow adigoo Ingiriiska jooga in shaqo lagaa qaban doono. Waxaana kugu filan laba nin oo xoogaa lacag ah la siiyo oo adigoo dhan ku khaarajiya*. Waxaan ugu jawaabay inay talo xun yihiin oo aysan aniga i dili karin, ee Ilaahay oo qudha i dili karo, oo aanan tayda marna dhaafi doonin. Haddii ay taydu gashana, waxaad disheen shaqsi, laakiin ololaha Qaaddiid weligiin ma dili kartaan, waxaana howsha sii wadi doona dhalinyarada Soomaaliyeed.

Dhowr toddobaad ka dib iyadoo weli ay soconayaan lambarrada qarsoon oo had iyo goor la iga soo waco hanjabaadda iyo dhaartuna sii socoto —ayaa waxaa dhacday goor galab ah waxaan booqday xaafadda loo yaqaan '*Muqdishadii Yarayd*', oo ah meel Soomaalidu aad ugu badan tahay. Waxayna kow ka tahay goobaha ugu waaweyn ee maandooriyaha qaadka aad loogu gado, aadna loogu isticmaalo. Waana goobtii aan aniga laftigaygu sannado ka hor qaadka ku cuni jirey. Haddaan waxyar gadaal idiin celiyana, waa meeshii toorreydii khayrka wadatey la igaga dhuftay anigoo waagaas Muqdishada Yar ay ii ahayd fadhiisinkayga.

Markaanse xaaladdu waa ka duwan tahay sidii hore oo waxaan meeshaan u imid inaan indhaha adduunka tuso dhibaatada uu qaadku leeyahay. Waxaana, ila socda saxafi wax ka qoraya waayahaygii qaadka iyo sida aan hadda dib ugu soo noqday inaan saaxiibbadaydii weli godka ku jira badbaadiyo. Mar uu saxafigu i weydiiyey "Maxaa arrintaan kugu dhaliyey oo aad naftaada halista u gelineysaa?", waxaan ugu jawaabay "Waxaan saarnaa markab weyn oo dad badan oo Soomaali ahi saarraayeen. Waxaan maraynaa badweyn. Waa habeen waana mugdi iyo qaboow. Markabku wuu jaban yahay wuxuuna qarka u saaran yahay inuu dego, hal mar ayaa aan is arkay anigoo markabkii ka degay Ilaahayna iga badbaadiyey. Waxaan taaganahay magaalada dhexdeeda, meel walbana waxaa maraya dad aan warba ka hayn in uu jiro markab sii degaya oo dad badani saaran yihiin. Laakiin, aniga waxaa weli madaxayga ka sii yeeraya qaylada iyo oohinta dumarka iyo carruurta markabkaas saaran— waana waajib muqaddas ah oo i saaran inaan aflabadii yeero oo aan dhaho *waawareey war dadkaas ha laga soo gaaro oo hala caawiyo intuusan markabku degin.* Qeylo-dhaantana joojin maayo ilaa dadkaas laga badbaadiyo— Ilaah baa wax badbaadiyee."

Waxyar ka dib, anigoo saxafigii la taagan ayna soo urureen dad dhawr ah oo aan ahayn dadka qaadka cuna oo ololaha taageersan. Kuwaas oo doonayey inay fikirkooda ka dhiibtaan barnaamijkaan, ereyo hambalyo iyo dhiirrigelin watana ku dhawaaqayey —ayaa waxaan gadaashayda ka maqlay qof ku dhawaaqaya "WAR ISKA JIR. WAR ISKA JIR!!!" haddaan gadaal fiiri maagayba waxaa madaxa iiga dhacay bir dheer oo aad sabarad mooddo, ma aqaan meeluu ka keenaye. Waxaa isqabsaday dhiig madaxaygii iyo wejigaygii oo dhan, ninkii nabarka igu dhuftayna wuu ka baxsaday meesha oo waxaaba lagula cararay gaari.

Waxaa halkaas madaxa dhexdiisaa iga gaaray dhaawac weyn, waxaana la iigu yeeray gargaarka degdega ah. Intii aan sugeynay ambalaasta waxaa isku soo ururay hooyooyin badan oo suuqa ka adeeganayey. Qaarkoodna carruurta keensadaan masaajid aan meesha ka fogeyn oo carruurtu Quraanka ku barato. Waxaa meeshii ka bilaabmay qaylo iyo sawaxan. Waxaa isu soo baxay dad intii hore ka sii badan. Hooyooyin ayaa waxay ku dhawaaqayeen ereyo ay ka mid yihiin *"Alla hoogayeey ma Abuukar Cawaaleey dileen kuwii inkaarta qabey! Ba'ayeey! Waawareey!!!"* iyo ereyo kale oo ay dumarka Soomaalidu ku dhawaaqaan markii carrada col soo galo.

Waxaa durbadiiba soo istaagtay ambalaastii la igu qaadi lahaa, gargaareyaasha ambalaaska wadaana waxay ku celcelinayeen "fadlan gadaal u dega oo noo oggolaada in aan shaqadayada qabsano oo ninkaan qaadno."

Intaan ambalaaska sugayey waxaa la igu fariisiyey kursi, dumarkuna waxay madaxa iiga shubayeen biyo qaboow. Runtii ma wada xusuusan karo dareenkii dadkii halkaas joogey. Laakiin, waxaan marnaba maskaxdayda ka go'in hooyo Soomaaliyeed oo markii aan meesha fadhiyey iyadoo ooyeysa intay garbasaarteedii madaxa iigu duubtay, dhiiggii dhabanka i dareerayeyna iga tiraysa, ayaa intay indhahayga eegtay igu tiri "Cawaaloow, hooyo ha quusan." Waxayna ereygaas ku celcelisay dhawr mar. Hooyadaas ma aqoon.

Isbitaalka markii la i geeyey waxaa meesha isugu yimid dad badan oo aad uga wada xumaaday dhaawaca i gaaray. Dhamaantoodna ahaa dad aan ku walaalownay la dagaallanka qaadka. Ninkii nabarka igu dhuftay waxaa soo helay booliiska waxaana la ii sheegay ninka uu ahaa, waxaan ogaaday inuu yahay nimaan waa hore daroogada qaadka wada daaqi jirnay oo xaaladdiisa caafimaadka maskaxeed meel xun marayso. Waxaa kaloo la ii sheegay in la soo adeegsaday oo nin qaadka ka ganacsadaa uu u ballan qaaday in la siin doono labo xabbo oo qaada maalin walba, hadduu Cawaale mar uun soo dakhro! Markay booliisku dhawr cisho ka dib ila soo xariireen, waxay i weydiiyeen inaan waraaqo u saxiixo si ay ninka i dhaawacay maxkamad u soo taagaan. Waxaan ugu jawaabay aniga nin ima dhaawicin ee waxa i dhaawacay waa qaadka. Waayo, ninkaani hadduusan qaad cunin waxaas kuma uusan kaceen, wuxuuna u baahan yahay caawimo ee xabsi haddii la geliyo way uga sii daraysaa, anigana waxba ii soo kordhin mayso, sidaas ayaa aan ninkii ku cafiyey.

CAQABADIHII HORTAAGNAA GUUSHA

2010-kii, xisbiga *Conservative*-ka ayaa xukunka qabsadeen iyagoo kaashanaya xisbiga kale ee loo yaqaan *Liberal Democrats* sidaasna waxay ku soo dhiseen dawlad isbahaysi ah. Wasiiradda arrimaha gudaha waxaa loo magacaabay haweenayda la yiraahdo Theresa May oo ah qofta go'aanka kamadanbaysta ah ka qaadan doonto in qaadka la joojiyo iyo in kale. Waxay u diyaargaroobeysaa inay go'aan ka gaarto in qaadka la joojiyo iyo in kale. Laakiin, waxaa jira dariiq loo maro, dariiqaas ayaa waxaa noo fariistay guddi loo yaqaan ACMD oo u taagan Gudiga ka talabixinta isticmaalka daroogada oo ay dawladu talo bixin weydiisato.

Waxay wasiiraddu soo saartay warqad ay uga codsanayso guddigaas inay soo ururiyaan oo u kuurgalaan dhibaatada qaadku ku hayo bulshooyinkaan cabanaya, soona diyaariyaan warbixin iyo talabixin. Waxaa kaloo si toos ah loogu sheegay inay soo waraystaan oo ay dhegaystaan shaqsiyaadka hawshaan ku soo jirey muddada dheer.

Adduunyada aan maanta ku noolnahay waa la kala shaqaystaa, waxa aan la dagaalamaynaana waa ganacsi malaayiin doolar ku fadhiya. Markay lacagta intaas le'eg meesha soo gashana, waxaa soo baxa dad si dadban iyo si toos ahba u difaaca mashruucaas saamayn weynna ku leh natiijada talabixintaan aan wada sugeyno ka soo bixi kara, iyo dhinaca garta loo xukumi doono.

Guddigaasi markii ay xog urursiga bilaabeenba, waxaan ka mid ahaa dadkii u horreeyey ee looga yeero xafiiskooda. Maadaama aan la kulmayo 11 qof oo guddigaas ka mid ah, waxaan codsaday inaan labo qof ku nimaadno. Anigoo la kaftamaya ayaa aan ku iri waxaan ka baqayaa inaad isugu kay tagtaan, ee ii oggolaada nin aan ololahaan muddo dheer ka wada shaqayneynay inuu isoo raaco, waana la iga oggolaaday. Ninka aan Soomaali ka soo xushay inuu maalinkaas muhiimka ah i raaco waa nin la yiraahdo Maxamed Ibraahim. Waa nin dhalinyaro ah oo qeyb ka ahaa ololaha. Weli waan xusuustaa markii u horreysay ee aan Maxamed isbaranno. Waxaan ku kulannay shir Soomaaliyeed. Habeenkaasna waxaan sidii caadada ii ahayd ka hadlayey dhibaatada qaadku ku hayo bulshada iyo sida loogu baahan yahay in meel looga soo wada jeesto.

Markuu shirkii dhammaaday ayuu Maxamed ii yimid. Wuxuu igu yiri ninyohow howshaan aad waddid waxaan kuu arkaa nin ka shaqaynaya inuu badbaadiyo wiilkayga mustaqbalkiisa. Waxaanna diyaar u ahay inaan har iyo habeenba kaala shaqeeyo arrinkaan muqaddaska ah.

Maxamed Ibraahim waa nin ku koray waddankaan Ingiriiska. Waxbarashadiisa ilaa heer jaamacadeedna dhammaystay. Waagaasna wuxuu guddoomiye u ahaa urur la yiraahdo LSYF, oo u taagan Ururka Dhalinyarada Soomaaliyeed ee London.

Maxamed dabeecad ahaan waa nin aad u deggan oo hadalka heli og. Maxammed waxaa kale uu si fiican u fahamsan yahay sharciyada waddankaan iyo sida dawladda

Ingiriiska albaabbadeeda loo garaaco. Hadda ka hor, oday weyn oo Soomaaliyeed oo dhibaatooyin iyo hawlo farabadan ku furnaayeen ayuu hawlihiisii si Soomaalinimo iyo naxariis leh ugu dhammeeyey. Mar la weydiiyay odaygaas Soomaaliyeed uu Maxamed Ibraahim hadda ka hor u gargaaray oo lagu yiri oday sidee u aragtaa oo ka waran Maxammed Ibraahim? wuxuu ku jawaabay ninkaas anigu waxaan u bixiyey Gaal Dile! Oo macna ahaan uu ka wadey inuu Maxamed yahay nin yaqaan sida dawladda Ingiriis xaqaaga looga soo dhacsado.

Maalinkii markaanu shirka tagnay waxaa nalagu boobay su'aalo tiro badan oo aad mooddo inay weerar ku yihiin ololaha. Wax walba oo miiska la soo saarana waxay ka keenayeen ilaaq iyo dood. Waxyaalihii aan ku doodaynay oo aan caddayn ahaan meesha u keennay waxaa ka mid ahaa warbixin uu soo saaray nin la yiraahdo Dr John Cocery. Magaca daraasadaan waxaa la yiraahdaa 'dhimashada la xariita istimaalka qaadka' oo ay ku qornayd 13 wiil oo Soomaaliyeed oo Alle ha u naxariistee ku geeriyooday Ingiriiska oo ay ahaayeen rag aan is-aqoon, qaraabo ahayn, oo aan isku meelna ku noolayn. Waxa qudha ee ka dheexeeyey waxay ahayd isticmaalka qaadka.

Markii aan warbixintaas oo ahayd hubka ugu culus oo aan ku soo dagaal galnay miiska soo saarnay, waxaa si jeesjees ka muuqdo na loogu jawaabay "soo lama oran karo 13 ka nin waxay kaloo dhammaantood cuni jireen mooska ama bariiska? maxaad ku caddaynaysaan inuu qaadku ka masuul ahaa dhimashadooda."

Maalinkaas markaan shirka ka soo baxnay ayaa anigoo wejigeyga xoogaa xanaaq ah laga dareemayo waxaan weydiiyey "war Maxamed sidee uu aragtay shirka?" Wuxuuna iigu jawaabay "saaxiib nimankani arrinta daacad kama ay ahayn, waxayna noo iclaamiyeen dagaal hor leh waana ka badin doonnaa insha Allaah." Aniguna waxaan ugu jawaabay "waa runtaa wallaahi rag isma yaqaan!"

Ragga naga soo horjeeda oo hadba godkaan gallaba dab qabadsiinaya waxaa ka kow ahaa Professor David Anderson oo Jaamacadda Oxford ka dhiga arrimaha Bariga Afrika. Waa nin hadalkiisu miisaan weyn leeyahay, waana nin ku doodaya inuusan qaadku wax dhibaato ah oo weyn oo u qalanta in la mamnuuco lahayn. Laakiin ninka hadalladiisa iyo sida adag ee u difaacayo ganacsiga qaadka markaad u sii fiirsato ma uusan ahayn nin fikirkiisa iyo sida ay isaga la tahay oo keli ah ka hadlaya, ee wuxuu noola muuqday in intaas wax u dheer yihiin, waxaanna ka shakinay in isagu dan goonni ah ku qabo in ganacsiga qaadku sii socdo.

Haddaba si aan u helno haddii uu jiro xiriir ka dhexeeya Prof. David Anderson iyo Kenya, waxaan bilownay inaan soo baarno horta waa kuma ninkaani, qaadka hadda ka hor miyuu ka hadlay? Kenya safarro badan ma u tagaa? haddii uu tagase, ma jiraan shirar uu ka qayb galay oo qaadka looga hadlayey?

Baaritaankii aan ka samaynay Mr Anderson, waxaan ku guuleysanay inaan helno macluumaad badan oo na anfacay. Macluumaadkaas waxaa ka mid ahaa buuggiisa uu u bixiyay 'The Khat Controversy' oo sida magaca loo bixiyey buugga ku cad —buugguba wuxuu u doodayaa in qaadka la daayo, wuxuuna dhiirigelinayaa in waddamo horlihi oggolaadaan in qaadka waddankooda loo fasaxo. Haddii aad sii akhriso buuggaan beentu ka buuxdo oo aanan marnaba dhiirrigelineyn in la gato oo lacag lagu khasaariyo —waxaad ogaanaysaa sida weyn ee ninkaani ugu dhex jiro arrimaha qaadka. Waxaa kale oo aan ogaannay in ninkaani waqti aad u badan ku qaato dalka Kenya. Inkastoo la is oran karo shaqadiisa jaamacadda, sida baaritaan cilmi iwm, ayuu meeshaas u tagaa, maadaama uu yahay macallin wax ka dhiga Jaamacadda *Oxford*, maaddada uu dhigaana ay tahay daraasadda Bariga Afrika. Haddana, si kastaba ha ahaatee safarkiisu aad ayuu u badnaa, oo waxaan isweeydiineynay dabcan nin waqtigaas oo dhan Kenya jooga, waxaa laga yaabaa in dawladda Kenya ka codsatay inuu ganacsigooda u difaaco. Laakiin wax caddayn ah uma aanan hayn arrintaas, waxayse nagu abuurtay shaki iyo dareen weyn.

Waxaa kaloo buugga wax ka qoray nin la yiraahdo Dr Klain, oo isaguna ku jiray dadka talada siinaya guddiga ACMD. Mr Klain, sida Mr Anderson, wuxuu ahaa nin si weyn uga soo horjeeda joojinta qaadka ee dawladda Ingiriisku damacsan tahay. Wuxuuna ahaa nin caro dhow oo haddii aad laba kalmadood isdhaafsataan xanaaqa. Wuxuu had iyo jeer ku doodi jirey inaysan ku jirin danta Soomaalidu in qaadka la joojiyo. Isagoo ku andacoon jirey cunista qaadku waa dhaqanka Soomaalida, sida cabbista khamradu ay u tahay dhaqanka Ingiriiska.

Labadaan nin markii aan soo ogaannay meesha ay hawsha ka taagan yihiin iyo sida go'aankoodu u cad yahay —ayaa waxaan warqad u qornay guddoomiyaha guddiga ACMD. Warqaddaas oo aan ku codsanaynay in guddiga laga saaro labadaan nin, waxaanna sabab uga dhignay (annagoo cuskanayna sharciga Ingiriiska) in shaqsiga ka mid noqonaya guddiyada noocaan oo kale ah waa inuu noqdaa qof aan marnaba dan goonni ah hoosta ku wadan. Waana inay ka madax bannaanaadaan culays ay cid kale soo saari karto, iyadoo lagu riixayo inay garta dhinacooda siiyaan ama cid uu isleeyahay asxaan u samee oo abaal hore u gashay.

Waxaanu warqadda sicad ugu tibaaxnay ka-mid-noqoshada guddiga ee labadaan nin inay la mid tahay Abuukar Cawaale oo la yiri waxaan kugu daraynaa guddigaan ee talo ka soo bixi arrintaan. Waxaan ku doodnay in sidaasi aysan macquul ahayn, waayo aniga mowqifkayga ku aaddan qadiyadda qaadku waa cad yahay, oo haddii talo la iga weydiiyo qof walba waa og yahay talada aan soo jeedin lahaa waxay tahay. Waxaanna ku adkaysannay inaan aaminsannahay in Mr Anderson iyo Mr Klain ay yihiin niman dan goonni ah leh oo si cad ugu ololeeya in qaadka aan marnaba laga joojin dalkaan Ingiriiska, oo weliba loo fasaxo waddamo hor leh.

Annagoo soo xiganeyna waddanka Norwey oo ay nimankaani hadda ka hor shir ku qabteen oo ay arrintaas kala hadleen dawladda Norway (yacnii inaan dawladda Norway qaadka mamnuucin), ayaa waxaan ka codsannay guddiga inay akhriyaan buugga aan kor ku soo xusay oo si weyn u muujinaya nimankaan muraadka ay leeyihiin iyo mashruuca ay wataan. Mashruucaas oo ah inaan qaadka laga mamnuucin waddanka Ingiriiska.

Waxaa 10 cisho ka dib iisoo jawaabay guddigii, waxayna iiga mahad celiyeen warqaddii aan u diray, waxayna ii sheegeen inaan lahaynin caddayn weyn oo si toos ah u tilmaamaysa in labadaan aqoonyahan ay falalka noocaas ah faraha kula jiraan. Waxayna iiga digeen haddii aan ku eedeeyo nimankaan laaluush-qaatayaal Kenya u shaqeeya, in arrintaasi tahay meel ka dhac sharaftooda iyo sumcaddooda aan u geeystay, waana arrin maxkamad la igu saari karo oo weliba aan ku mudan karo xarig! Waxay hadalkooda ku soo gabagabeeyeen in guddigu go'aan ku gaaray in nimankaan ka sii mid ahaan doonaan guddiga ACMD oo khibraddooda loo baahan yahay. Raggii waxaa gaaray akhbaarteyda, waxaana loo gudbiyay warqaddii aan soo diray iyo jawaabtii guddiga. Waxay igu tilmaameen inaan ahay jaahil hal dhinac wax ka eega, oo aan oggoleyn dadka kale fikirkooda. Wixii waagaas ka danbeeyey nimankaas waxaa naga dhexeeyey dagaal weyn.

MUDDAHARAADKII MARQAANSANAA

Guddigii ka talabixinta daroogada iyo isticmaalkeeda ee loo yaqaan ACMD ayaa waxay soo saareen warbixin. Waxaa xusid mudan in xilligaas ololuhu meel fiican noo marayey. Guddigaan warbixintooda waxay dawladda ugu soo jeediyeen, oo ay ku soo gunaanadeen warbixintooda in qaadku uusan ahayn dhibaato ku fidaysa bulsho-weynta waddanka Ingiriiska oo dhan. Laakiin waxaa isticmaala dad yar oo kooban, ayna tahay in laga waaniyo laakiin marnaba yaan qaadka la joojin. Markii ay taladaas soo jeediyeen aad ayaanu uga xumaannay kumana aanaan qanacsanayn inay guddigaani hawsha daacad ka ahaayeen.

Waxbixintii markaan aragnay waxaan go'aansannay inaan Soomaalida kicino oo aan muddaharaad looga soo horjeedo guddigaas abaabulno. Waxaa aad noo caawiyey saxaafadda Soomaalida iyo masaajidda. Wuxuu ahaa muddaharaad aan loo kala harin. Waxaan xusuustaa farshaxaniistaha weyn ee Amiin Caamir oo isaguna xirfaddiisa nagu taageeray. Waxaa kaloo aan xusuustaa Masjid Quba oo galbeedka London busas u soo ijaaray hooyooyinka oo dagaalka safka hore uga jiray.

Runtii wuxuu ahaa muddaharaad aan muddo bil ah ka shaqaynaynay inuu sifiican noogu qabsoomo, oo aan loo kala harin. Walaalaha Soomaaliyeed ee waddamada kale ku noolaana waxay nagala jireen niyadda, oo waxaa na soo gaarayey duco iyo qoraallo taageero ah oo isdabajooga oo ay walaalaha Soomaaliyeed soo dirayeen.

Waxaan qabsannay meel u dhow Xafiiska Raysal Wasaaraha, oo aan booliiska horay uga sii codsanay inaan muddaharaad ku qabsan doonno maalintaas iyo saacaddaas, waana na loo oggolaaday, oo waxaa na loo diyaariyey askartii nala shaqayn lahayd maalinkaas. Iyadoo wax walba diyaar yihiin ayaa waxaa muddaharaadka ka war helay raggii qaadka ka ganacsan jirey. Muddaharaadku wuxuu dhacayaa berrito oo kale habeenkaas ayey meel uu muqayil iyo qaadwale joogayba isu habar wacdeen —iyagoo habeenkii qayilaya ayey ka tashadeen sidii muddaharaadkaan looga hortegi lahaa loona carqaladayn lahaa. Goor ay xilli danbe tahay nin walbaana soo jeedinayo wixii madaxiisa marqaansan ku soo dhaca, ayaa nin iyaga ka mid ahaa yiri anigaa talo hayee si fiican ii dhegaysta.

"Muddaharaadka berrito markay dadku isu yimaaddaan aadi meyno, waayo waanu is-ognahay haddaan haddeer kala tagno mid subixii soo kici karaa innaguma jiro, ee aan runta isu sheegno." Isagoo hadalkiisii sii wata ayuu yiri, "hadda waa 3dii ama 9 saac oo habeenimo. Haddeer aan dhaqaajinno, ciwaanka meesha lagu qabanayo waa naqaannaa ee intaan haddeer tagno intay hurdaan kuwii reer Qaaddiid aan samayno muddaharaad qaadka lagu taageerayo!"

Halmar ayaa ninkii loo sacabbiyey. Ragga qaadka cunaa caadiyan rag talo badanaa isku raaca ma aha, laakiin caawa waxay rabaan inay weerar cir iyo dhul ah qaadaan. Meeshiibaa hal mar la istaagay waxayna soo gurteen tarmuusyadoodii iyo koobabkoodii, caagag biyo ah, wixii kokakolla carrada yaalley iyo saadkoodii; waa marduufyo qaad ah oo habeenkaas bilaash lagu bixinayey.

Waxaa la wacay dhammaan marfishyada London, waxaana loogu baaqay inay soo dhaqaajiyaan, oo weerarka ka soo qeyb galaan.

Goobta muddaharaadku ka dhici doono berrito subax waa meel si weyn loo ilaaliyo annaguse wax welwel ah ma qabno, waayo waxaan haysannaa oggolaansho. Laakiin raggaan aan u bixiyey "*ilma Qaaddoon*" waxay ku socdaan indhacaddays, waxayna isaga yimaaddeen meel walba iyagoo baabuurtoodii hoonka yeerinaya. Xilliga ay sidaas samaynayaan oo ay waallidaas bilaabeen saacadu waa 4 tii habeennimo ama 10 saac oo habeennimo! Haddaba sidaad u taqaan reer Qaaddoon rag diyaarsan ma aysan ahayn runtii, inkastoo ay daaleen hadday soo kaceen oo meesha yimaaddeenba wax tabeellayaal ah oo muujinaya ujeeddada ay u muddaharaadayaan xilligaan ma wataan. Waxayna bilaabeen inay qayl-qayliyaan iyagoo ku dhawaaqaya ereyo ay ka mid ahaayeen '*Qaadku is good*', '*we are happy*' iyo '*no stop qaad*'!, oo marka la turjumo noqonaysa qaadku waa fiican yahay, waan faraxsannahay ee qaadka yaan la joojin.

Waxaa xoogaa ka dib afarta gees isaga yimid baabuur booliis ah, waxaana la weydiiyey yaad ahaydeen? Maxaad xilligaan raadinayseen? Raggii reer Qaaddoon ahaa iyagoo aan hadalka kala heleyn waxay sheegeen inay muddaharadayaan! Waxaana lagu yiri xilligaan oo kale taariikhda Ingiriiska weligeed muddaharaad wax qabanaya lama sheegin! lamana maqal! ee ma haysataan warqad oggolaansho? Waxayna reer Qaaddoon ku jawaabeen "uma baahnin warqad, waayo waddankaan waa dimoqraadi."

Booliiskii oo yaabban ayaa ku amray inay meesha ka

dhaqaaqaan, waxa ay samaynayaanna ay tahay sharcidarro.

Raggii rag ahaa oo meesha ka sii dhaqaaqaya ayaa waxaa ka hor yimid qolooyin dhalinyaro Ingiriis ah oo ka soo dareeray meelaha habeenkii lagu jaaso khamradana lagu cabbo. Waxay arkeen nimankaan Soomaalida ah ee meesha maraya oo gawaaridoodii meeshii ay dhigteen u sii socda. Nimankii Ingiriiska ahaa ayaa bilaabay faduul iyo aflagaaddo. Labada qoloba maskaxdoodu saani uma shaqaynayso oo qolana qaad ayey ka dhergeen, qolana khamri ayey ka soo dhergeen.

Meeshii baana foodda la isku daray. Habeenkii waxaa meesha ka dhacay dagaal waalan; *Qaad vs Khamro War* baa loo bixiyey. Nimankii Ingiriiska ahaana waxaa madaxa la gala dhacay tarmuusyo shaaha iyo dhalooyin kokokolla ah. Ugu danbayntiina booliiska ayaa kala dhex galay oo joojiyey dagaalka, iyadoo wiilashii Ingiriiska ahaa ay qayladoodu yeerayso —ileen waa niman shaah kulul madaxa looga shubaye. Habeenkii sidii baa lagu kala tagey.

Waxaa beryey waagii. Waa subixii loo ballansanaa in muddaharaadku dhaco. Waxaan ahaa shaqsigii ugu horreeyey ee meesha tagey. Waxaan labada gacmood ku hayaa labo taleefan oo iska-soo-dabadhacaya. Waxaan dadka ku leeyahay *soo baxaay soo baxaay*. Meeshii mudaharaadka markaan saas u soo istaagay ayaa waxaan ugu tagey niman booliis ah, waxayna i weydiiyeen "ma adigaa ninka muddaharaadkaan qabanqaabinayaa?" Waxaan ugu jawaabay "haa Mudane." Waxaa la i weydiiyey "ma haysataa warqad oggolaansho ah?" Waxaan ugu jawaabay "haa mudane, waatan"— intaan jeebka ka soo bixiyey baan warqaddii u dhiibay.

Warqaddii markuu arkay ayuu igu yiri "ma ka warqabtaa waxa xalay meeshaan ka dhacay?" Anigoo yaabban ayaa waxaan iri "maya Mudane!" Wuxuuna askarigii ii sheegay oo iiga warramay waxa meesha ka dhacay. Waxaa kale oo uu dhaqanxumo ku tilmaamay in dadkii xalay halkaan yimid meeshoo dhan qashin ku daadiyeen. Anigoo askaragii dhegaysanaya ayaa waxaan fiiriyey hareerahayga— mise meeshuba waxay u egtahay marfish aan waa hore ku qayili jirey oo la oran jirey *Dhooqaale*; oo meel walba waxaa daadsan taqsiin, harago, shaah daatay, bacihii qaadka iyo sigaar badan oo meesha lagu cabbay. Illeen warba ma hayee, waxaa xalay meesha ka dhacay muddaharaad marqaansan. War illeen tanoo kale! Meeshii baa waxaan bilaabay inaan askartii ka raalli geliyo in dad ka mid ah bulshada Soomaaliyeed ay sidaas u dhaqmeen. Waxaanna u sheegay inay ahaayeen dad aan maskaxdoodu joogin oo xanuunsan.

MUDDAHARAADKII MIYIRKA QABEY

Waxaa la gaaray xilligii loo ballansanaa muddaharaadka. Waxaa soo bilaabmay inay yimaaddaan dadweynihii Soomaaliyeed ee ka qeyb galayay muddaharaadka. Waxaana goobta isa soo dhoobay dadkii oo udbahoodii iyo dhigahoodii wata. Wuxuu ahaa muddaharaad aan loo kala harin carruur iyo cirroolaba, waana goobta uu ku baxay tilmaanta caanka noqotay ee '*Agoon Aabbe leh*'. Ka dib markii saxaafaddu weydiisay hooyo Soomaaliyeed maxaad maanta halkaan u timid ayay ku jawaabtay "waxaan haystaa agoon aabbe leh, oo aan aabbahood dhimanna noolaynna."

Maalintaas iyadoo uu dhacayo qabow aad u xun ayaa aanu si asluubaysan oo sharci ah dareenkayagii iyo farriintayadii u gudbinnay. Gabagabadii muddaharaadka waxaanu kiilo qaad ah iyo warqad aan soo diyaarinnay geyney aqalka Raysal Wasaaraha oo aan ku xujeynay car caawa kiiladaas cun oo berrito waqtigaagii caadiga ahaa soo shaqo tag!

QAADKA IYO ARGAGIXISADA

Maalin maalmaha ka mid ah anigoo fadhiya xafiiskaygii yaraa ee ku dhex yaallay dugsigii Copland ee aan ka shaqayn jiray, ayaa waxaa la iiga yeeray xafiiska maamulaha. Anigoo isleh toloow maxaa soo kordhay hadday shaqo caadi ah tahay farriin qoraal ah uun buu ii soo diri lahaaye, saaka see wax ujiraan? Markaan galay xafiiskii waxaa maamulaha la jooga labo nin oo booliis ah. Waxaa istaagey maamulihii oo isagoo soodhoweyn muujinaya yiri soo fariiso Mr Awale. Salka inta aanan dhulka dhiginba wuxuu sii raaciyey isagoo booliiskii la hadlaya waa kan Mr Cawaale. Raggii askarta ahaana way iskay bareen waxayna ii sheegeen inay ka socdaan *Scotland Yard* oo ah hay'adda ugu sarraysa booliiska Ingiriiska qaybteeda ka hortagga argagixisada. Hoos baa waxaan ka leeyahay bisinka war waa maxay maanta raadkan isoo galay!

Askartii waxay ii sheegeen in wiil dhalinyaro ah oo Soomaali ah oo ku nool magaalada London oo u sii socday inuu ku biiro ururka Alshabaab ay kasoo qabteen meel u dhow xadka u dhexeeya Kenya iyo Soomaaliya. Ka dib markii wiilkii lagu soo celiyey waddankan Ingiriiska oo la waraystay ayaa waxaan weydiinnay waxaad noo sheegtaa markii ugu horreysay ee lagu duufsanayay oo nimankan ku kaxaystay aad isbarateen masaajidkee baad ku tukan jirtey oo raggaani kaa heleen. Waxaana loo sheegay wiilka inay muhiim tahay in la ogaado masaajidkaas si looga hortago intaysan wiilal kale kaxaysan.

Wiilkii ayaa wuxuu booliiskii ugu jawaabay meeshsa ninku igula kulmay ma ahayn masaajid ee waxay ahayd marfish qaadka lagu cuno. Booliiskii oo aniga ila hadlaya ayaa yiri "arrintaas markaan ogaannay ayaa waxaan baarnay qaadku wuxuu yahay, yaa gada, xaggee lagu gadaa, iwm. Waxaanna akhrinay qoraallo badan oo aad qaadka ka qortay iyo inaad tahay nin khibrad badan u leh qaadka. Waxaan kaa dooneynaa inaad naga caawiso inaan ogaanno meelaha qaadka lagu gado oo dhan." Taas oo aan ugu jawaabay "ma garan karo meelaha qaadka lagu gado oo dhan."

Waxaa kale oo ay i weydiiyeen inaan isleeyahay dadka qaadka cunaa waxay ku jiraan khatar in la duufsado oo loo kaxaysto inay ka qayb qaataan dagaallada Alshabaab. Waxaana ugu jawaabay marfishyada waxaa ka buuxa dad aan si saxa u fekarayn oo isdabamarsan, noloshuna ka hortimid, waanna aaminsanahay in si fudud loo duufsan karo.

Maalinkaas wixii ka danbeeyey ololuhu wuxuu taageero weyn ka helay dawladda iyo shacabka Ingiriiska. Waxaana bilaabantay dood iyo in wax badan laga qoro qaadka. Wargeysyada dalka oo aan waqti fiican siin jirin qaadka waxyeelladiisana hadda waxaan u helay xeelado cusub iyo sheeko cusub oo ay aad u xiisaynayaan, taas oo ah xiriirka ka dhexeeya qaadka iyo argagixisada. Arrintaas oo aan ku tilmaami jirey qaadka waddanka Ingiriiska ka soo degaa wuxuu caawiyaa argagixisada Alshabaab. Anigoo caddayn ahaan u adeegsanayay waxay yiraahdeen hay'adda boliiska ugu sarraysa ee *'Scotland Yard'*, qaybteeda ka hortagga argagixisada, iyo wiilkii laga duufsaday marfishka, kuna dhiirraday inta maqan oo aan cidna ogeyn ayaa badan, iyo inta hadda marfishyada ku jirta ee qarka u saaran in falal argagixiso loo adeegsado, iyadoo loo ballanqaadayo qayilaad bilaash ah.

Waxaana jira qaar ka mid ah wargeysyada ka soo baxa waddankaan, oo loo yaqaan kuwa *Midigta* ama *'right wing newspapers'*, oo aan jeclayn dadka ajaanibta ah guud ahaan, gaar ahaanna dadka madowga ama Muslimka ah. Wargeysyadaan waxay bilaabeen inay wax badan ka qoraan xiriirka ka dhexeeya qaadka iyo argagixisada, iyagoo si cad ugu dhiirranayey in qaadku taageero argagixisada. Waxaa ka dhacday cadowgaagu ha kuu gargaaro! Nimankii ugu necbaa Muslimiinta ayaa ficilkooda wuxuu noqday mid u hiiliyey ummadda Muslimiinta ah. Waxaan ku tilmaami karaa uun mucjiso xag Alle nooga timid. Runtii iyagu markaas isma aysan lahayn waxaad axsaan u samaynaysaan dadkaan dhibaataysan ee Muslimiinta ah. Oo hadday sidaas u dareemi lahaayeen waxaa laga yaabi lahaa inaysan sidaas sameeyeenba. Si kastaba ha ahaatee, waxa ay qorayeen wuxuu ololaha u ahaa taageero iyo naruuro weyn.

Waxaa kale oo iyaguna haddayba argagixiso maqlaan inay seeftooda galka kala soo boodaan lagu yiqiin dawladda Maraykanka. Oo muuqbaahiyadoodu ay aad u baahinayeen muuqaallo iyo warbixinno sheegaya in Alshabaab iyo Alqaacida ay dhalinyarada ka kaxaystaan marfishyada. Mar ay arrintaa wax iga weydiiyeen muuqbaahiyaha CNN-ka loo yaqaan —ayaa waxaan ugu jawaabay welwelka jiraa ma aha dhalinyarada marfishyada laga duufsanayo oo kaliya. Sida ay noo sheegeen hay'adda ka hortagga argagixisada ee dalkaan Ingiriiska '*Scotland Yard Anti-Terrorism Unit*', in qaadka Ingiriiska loo beec keeno dadka soo dhoofsada ay ka mid yihiin dad taageerayaal u ah ururka argagixisada ah ee Alshabaab. Waxaa kale oo ay noo sheegeen sida ugu weyn oo ay Alshabaab hadda dhaqaalaha ku helaan inay tahay soo beec-geynta qaadka.

Khuburada arrimaha argagixisadu waxay sheegeen in Alshabaab ay ganacsiga qaadka soo galeen, ka dib markii laga qabsaday dekaddii Kismaayo oo ahayd isha dhaqaale ee qudha ee ay haysteen xilligaas. Anigoo hadalka sii wata ayaa waxaan ku iri taana macneheedu waxa weeye: aniga iyo adiga iyo dhammaan dadka ka ganacsada qaadka ee deggan waddankaan Ingiriiska iyo kuwa isticmaalaaba waxay si dadban u kobciyaan dhaqaalaha ururka Alshabaab. Weriyihii oo yaabban ayaa su'aal degdeg ah igu soo celiyay oo yiri "sidee baan anigu lacag ugu diraa Alshabaab?" Waxaan ugu jawaabay "inteenna shaqaysaa waxaan dhammaanteen bixinnaa canshuur, canshuurtaasna waxaa lagu masruufaa dadka aan iyagu shaqayn. Waxaan ognahay in ragga qaadka cunaa 90% aanay shaqayn lacagta nalaga qaado oo ragga qaadka cuna la siiyo ayay qaad ku gataan lacagtaasna waxay si toos ah ugu tagtaa Alshabaab, sida ay innoo sheegeen khuburada ku takhasusay ka hortagga argagixisadu."

Dooddaan macquulka ah ee aan ku celceliyay waxay si weyn uga xanaajisay dawladda Kenya oo qaadka ku tilmaanta "*The Green Gold*" ama dahabkii cagaarnaa. Waayo waxay ogaayeen mar haddii la hadal hayo inuu jiro xiriir ka dhexeeya qaadka iyo argagixisadu aad ayay u fududdahay in gebi ahaantiisaba la joojiyo. Waxayna mar walba ku tilmaami jireen hadalkayaga mid aan sal iyo raad lahayn oo colaad lagu abuurayo. Annaguna waxaan ugu jawaabi jirnay, oo aan ayaandarro ku tilmaami jirnay difaaca dawladda Kenya ay difaacday ka ganacsiga qaadka —taasina waxay la mid tahay iyagoo difaacaya argagixisada!

GO'AANKII INGIRIISKU KU JOOJIYEY QAADKA

Sannadku waa 2013kii, hawsha joojinta qaadkuna waxay hoos timaaddaa wasaaradda arrimaha gudaha, oo ay markaas wasiir ka ahayd marwo la yiraahdo Theresa May, oo hadda ah Raysal Wasaaraha Ingiriiska. Waxay soo urursatay dhammaan wararkii iyo talooyinkii ay u baahnayd oo dhan, waxayna u diyaar garoobaysay inay go'aan kamadambays ah ka gaarto isticmaalka daroogada qaadka ee dalka Ingiriiska.

Annaga waxay noo ahayd waqti adag. Waxba lama aanaan harin, oo waxaan soo galnay halgan qaraar oo dheer. Dadaalkayaguna wuxuu ahaa joogto; ololaha iyo la dagaallanka qaadku waxay ahaayeen kuwo aan kala joogsi lahayn. Waanna aaminsanayn in aanaan waxba hagran. Wax aan la harnay ma jirin. Go'aankeenna waan gaarnay, taladana waxaan saarannay Mawlaha— ciddii talo saarataa aanay khasaarayn! Balse, haddii dhanka Kenya weerar laga soo qaado inaan si degdeg ah uga jawaabno ayaa aan marwalba diyaar u ahayn. Waxaanna indhaha ku haynay dhaqdhaqaaqooda iyaga iyo dad kale oo aan ku tuhunsanayn inay Kenya u adeegaan.

3dii bishii July 2013kii ayay wasiiradda arrimaha guduhu soo saartay go'aankeedii la wada sugayey. Waxaan xusuustaa maalintii ka horreysay maalintaas ayaa waxaa isoo wacay saxafi Ingiriis ah oo ka socda wargeyska *Times*, wuxuuna i weydiiyey "Mr Abukar, sidee u aragtaa haddii qaadka la joojiyo?" Intaas markuu i weydiiyey ayaa waxaan isagii dib ugu celiyay su'aal oo ku iri "ma waxaad heshay xog ku saabsan in go'aankii la wada sugayey uu soo baxay?" Intuu qoslay ayuu igu yiri "waxa keliya ee aan kuu sheegi karo waxa weeye 48ka saacadood ee soo socda waad heli doontaa go'aankii aad sugayseen." Markaas waxaan iri "mudane marba haddaad i weydiisay sida aan u arko haddii qaadka la joojinayo, halkaas waxaa iiga muuqata in la joojin doono. Go'aankaas haddaad ka war qabtid fadlan ii sheeg." Intuu qoslay ayuu igu yiri "Abukaroow kuuma sheegi karo go'aanku nooca uu yahay waxaanse kuu rajaynayaa guul."

Subixii 3da bisha shaqadayda markaan soo galay waxaa igu bilaabmay taleefanno badan oo ii soo dhacayey. Waxaa dugsiga yimid weriyeyaal badan. Waxaa soo baxay go'aankii. Waxaa saxafiyiinta iiga badnaa hambalyada ay iisoo dirayeen ummadda Soomaaliyeed ee adduunka dacalladiisa jooga iyo kuwa Ingiriiskaba. Waxaa si cad loogu dhawaaqay in gebi ahaanba la joojiyey qaadkii, go'aankana loo gudbin doono Baarlamaanka. Maalintaas haddaan dhaho waxay ahayd maalintii iigu farxad badnayd intaan noolaa, waxaan khalad ka gelayaa xaaskayga iyo maalinkaan aroosay! Laakiin waxaan oran karaa maalintaasi waxay ka mid tahay maalmihii noloshayda iigu farxadda badnaa. Waxaanna la ooyey farxad awgeed. Waxaa isugu kay yimid shaqaalihii aan wada shaqayn jirnay oo ka warqabey sheekada noloshayda iyo jabka aan qaad ka soo maray. Sidoo kalena ogaa muddada

GO'AANKII INGIRIISKU KU JOOJIYEY QAADKA

dheer ee aan hawshaan ku soo jirey. Maalinkaas waxaa la iga fasaxay shaqada waxaana la ii sheegay orod ku raaxayso maalinta guusha.

Galabnimadii waxaa isu soo baxay Soomaalidii, waxaana la iiga yeeray goobo badan oo aanan wada haleeli karin, magaalada oo kala fog awgeed, waxaana xaafadaha Soomaalidu degto laga maqlayay mashxarad iyo dabbaaldegyo lagu soo dhoweynayey joojinta qaadka.

***

Habeenkii dabbaaldegga guusha waxaa suugaan dhaxalgal ah ka tiriyey Abwaan Xuseen Shire Ciyaar-jecel
Wuxuu yiri,

> *War dowladaha dariskeenna dalkooduu kabaxaa*
> *Dadkooduna macunaane diyaaradeey ku raraanoo*
> *Dalkeennay u diraan oo doolarkeennay gurtaanoo*
> *Dakhligooday ku kabtaanoo dalkooday ku dhistaan*
> *Oo dalkeennay ku dunshaanoo da'yarteennay ku dilaan*
> *Oo dalkeennay ku dunshaane waa gumeysi dahsoone*
> *Dulliweeyee daaya qaadka oo dulmi weeye diida qaadka*

GARDARRO IYO GUUULDARRO

Ololuhu wuu guuleystay. Wasiiraddiina go'aan ayay gaartey, inkastoo ay sharci tahay in Baarlamaanka la marsiiyo, haddana waxaan ku kalsoonayn inuu si fudud u gudbi doono oo go'aanku sharci noqon doono.

Dhawr toddobaad oo dabbaaldegyo iyo Alle-bari ah ka dib, waxaa dawladda ka soo yeeray war aan aad uga naxnay oo ka soo baxay guddi la yiraahdo *"Home Affairs Committee"* oo ah guddi falanqeeya ama talo ka bixiya go'aannada ay dawladdu gaarto. Guddigu waxay isugu jiraan xubno metela axsaabta siyaasadda ee Baarlamaanka Ingiriiska. Waxay soo saareen baaq ah in go'aankii ay wasiiraddu gaartay uu ahaa mid lagu degdegay oo qaldan loona baahan yahay in laga noqdo oo aan qaadka la joojin.

Guddigaan waxaa guddoomiye u ahaa nin xildhibaan ah oo metela xisbiga shaqaalaha oo la yiraahdo Keath Vaz, wuxuuna codsaday in laga noqdo go'aankaas isagoo sal uga dhigay in ay arrintaani dhibaato dhaqaale oo weyn ku keeni karto dalka Kenya. Ninkaas ayaa si kulul uga hadlay qalad weynna ku tilmaamay joojinta qaadka ee dalka Ingiriisku ku dhawaaqay. Hadalladiisa markaad sii dhegaysato waxaad mooddaa inuu yahay nin u danaynaya ama ka shaqeeya danaha dalka Kenya, waxaanna go'aansannay in ay mudan tahay in ninkaan loo jawaabo. Waxaan faafinnay qoraal, isagana waxaan u dirnay lifaaq qoraalkaas ah oo aan cinwaan uga dhignay *"Keith Vaz: UK MP or Kenyan Special Envoy?"* oo macneheedu yahay horta ninkaani ma xildhibaan Ingiriis ah baa mise waa ergeyga gaarka ah ee dawladda Kenya?

Xildhibaankan oo metela magaalada Leicester oo ah magaalo ay deggan yihiin Soomaali badani, ayaa waxaan ogaannay in Soomaalidii dhibaatada qaadku ku hayay ee uu metalayey uusan marnaba la tashan, ama ka waraysan sida ay u arkaan joojinta qaadka. Wuxuuse ka door biday inuu u safro Kenya oo la kulmo Madaxweynaha iyo Madaxweyne ku-xigeenka dalka Kenya, una ballanqaado inuu difaaci doono ganacsiga Kenya. Isla markaana wuxuu Kenya ka codsaday inay ergo u soo dirsato laguna soo dhoweyn doono aqalka baarlamaanka dooddoodana la dhegaysan doono.

Iyadoo ay jireen kumannaan Soomaali ah oo deggan magaalada Leicester oo Mr Vaz xildhibaan ka ahaa, oo uu codkooda metelayey, ayuu gebi ahaanba dhagaha ka furaystay inuu dhegaysto dareenkooda ku aaddan joojinta qaadka. Waxaa kale oo uu inkiray rabitaanka dadka Soomaaliyeed ee uu metelo ee doonayay in mar uun dhibaatada qaadku joogsato. Wuxuuse door biday inuu safro 5000 oo mayl oo uu la kulmo beeraleyda maandooriyaha qaadka ka ganacsata iyo madaxda Kenya. Isagoo weydiiyay sida ay u arkaan ama ay u saameyn doonto joojinta qaadka ee dalka Ingiriiska looga dhawaaqay.

Gardarradaas iyo xaqdarradaas aan geed loogu soo gabban, ee uu wadey Mr Vaz ayaa waxaan ku tilmaannay in uu yahay nin dano goonni ah ka leh Kenya, uuna isu beddelay difaace u hiilinaya ganacsiga daroogada Kenya. Waxaan tibaaxnay in xilka xildhibaannimo ee loo doortay ninkaan aysan marnaba shaqadiisa ka mid ahayn inuu difaaco daroogada. Waxaa kale oo aan xildhibaanka ku tilmaannay inuu yahay nin illoobay dadkii uu metelayey ee degganaa degaanka uu xildhibaanka ka yahay. Isla markaasna ka door biday inuu difaaco kuwa daroogada ka ganacsada.

FULIN

Waxaa booliiska amar lagu siiyay inay shirar la yeeshaan jaaliyadaha kala duwan ee qaadka isticmaala, loona sharraxo marka qaadka la joojiyo in loo baahan yahay in sharciga loo hoggaansamo. Waxay booliisku qaban jireen shirar isdabajoog ah oo wacyigelin ah, kuwaas oo dadka qaadka isticmaalana loogu sharraxayey sida ay noloshooda u saamayn doonto haddii sharciga loo hoggaansami waayo, iyo inay habboon tahay in dadka qaadka cunaa ay hadda sii raadsadaan caawimaad iyo talabixin ku aaddan sida daroogada laysaga daweeyo.

Rag badan oo qaadka cuni jirey in qaadka la joojin doono waxay u haysan jireen dhalanteed. Laakiin, markay arkeen booliiskii oo ka hadlaya TV-yada Soomaalida waxaa ku beryey waa cusub. Goobaha qaadka lagu cunana waxaa ka bilaabmay doodo kala duwan, iyagoo ragga qaadka cuna qaarkood lahaayeen waa sidaan rabnay waana Ilaahay mahaddiis, qaarka kalena ay ku taamayeen inay u guuri doonaan Afrika.

***

Waxaa soo dhowaaday waqtigii go'aanka qaad joojintu dhaqan geli lahaa. Waxaana na loogu yeeray inaan la kulanno wasiiradda arrimaha gudaha Mrs Theresa May. Waxaanna kula talinany in waqtiga ugu habboon oo la dhaqan gelin karo joojinta qaadku ay tahay 24 June 2014, oo ahayd bilowgii bisha barakaysan ee Ramadaan. Taladaas waynaga qaadatay wasiiraddu. Waxaana lagu dhawaaqay in joojinta qaadka ee waddanka Ingiriisku dhaqan geli doonto 24ka June 2014. Waxaa magaalooyinka ay Soomaalidu ku badan tahay laga dareemayey dabbaaldegyo iyo Alla-bari lagu soo dhoweynayey bisha barakaysan ee Ramadaan iyo joojinta qaadka.

Waxaa la gaaray maalintii guusha. Waxaana London lagu qabtay xaflado ballaaran oo loogu dabbaaldegayo guusha laga gaaray joojinta qaadka. Waa guushii ugu weynayd ee ay gaaraan qurbajoogta Soomaaliyeed.

Toddobaadyo gudahood waxaa dib isugu soo noqday reero horay u burburay. Toddobaadyo gudahood waxaa dib u helay aabbayaashood carruur Soomaaliyeed oo horey u waayey aabbayaashood oo uu qaadku qaatay. Sida looga raystay qaadka waxaad ka garan kartay dhoollacadayska ka muuqda marwooyinka Soomaaliyeed oo marlabaad aroos galay. Hooyo Soomaaliyeed oo arrintaas ka hadlaysa una mahad celinaysa Wasiiradda Arrimaha Gudaha, Theresa May, ayaa waxay tiri,

Dad masaakiin ahoo
Masiibo baas heshoo
Mugdi dheer ku jiroo
Murugeysan baad
U miciintatayee
Naa Theresa Mayeey
Magacaa ha jiro!

Waxaa bilo gudahood si cad loo dareemay isbeddelka ku dhacay bulshada Soomaaliyeed ee deggan dalka Ingiriiska. Waxaa gebi ahaanba la xiray meelihii mugdiga ahaa ee qaadka lagu cuni jirey. Waxaana goobahaas loo beddelay masaajid, goobo ganacsi, meelo luqadda lagu barto iyo dugsiyo Quraanka lagu xifdiyo.

Waxaa isbeddel weyn ku dhacay raggii qaadku la haray oo meesha ka kacay, oo noqday mid shaqo taga, mid ganacsi kale samaysta, mid waddankii u dhoofa iyo mid siyaasadda Soomaaliya ku biira. Waxaa ka dhacday ku kala taga meesha oo ka foofa Ilaah baa irsaaqadda bixiyee! Kallaha oo subixii toosa!

Waxaa guulaha la gaaray ka mid ah gabdho Soomaaliyeed oo ka quustay ragga Soomaaliyeed ee qaadka cunna inay guursadaan, in markii qaadka la joojiyey ay gabdhahaas rajo dib u gashay markay arkeen raggii oo isbeddelay oo qurux badnaaday, oo wada shaqo tagey, oo dhaqaale samaystay. Waxaa si tartiib ah u soo noqotay kalsoonidii gabdhahaas Soomaaliyeed ku qabeen raggooda. Waxaana isla sannadkiiba bilaabmay aroosyo cusub oo isdabajoog ah oo ka dhacay waddanka Ingiriiska.

WAA KAN AABBAHAY!

Waxaa dhacday aabbe Soomaaliyeed oo ka mid ahaa raggii qaadka aadka u cuni jirey oo dhibaatada badan ku hayey, in markii qaadka la joojiyey waxaa wax badan iska beddelay habdhaqankiisi nololeed. Maalin maalmaha ka mid ah ayaa wuxuu xaaskiisii ku yiri xaajiyo galabta anigaa carruurta dugsiga ka soo kaxaynayee iska naso adigu. Xaajiyaddiina iyadoo faraxsan ayey tiri hawraarsan. Waa markii ugu horreysay ee aabbahaasi uu dugsiga carruurtiisa tago.

Hadal iyo dhammaantiis wuxuu isa sii taagay dugsigii isagoo faraxsan. Markuu istaagay goobta carruurta laga kaxaysto oo ah barxadda dugsiga, isagoo hareeraha eegaya ayuu arkay wiilkiisii Ayuub, ka dibna wuu u yeeray isagoo leh Ayuuboow aabbo inna keen gurigii aadnee. Wiilkii yaraa waxaa hal mar isbeddelay dareenkiisi markuu arkay in aabbihiis uu maanta ka soo doonay dugsiga, oo ahayd markii ugu horreysay. Intuu soo orday ayuu aabbihiis ku yiri aabboow kor ii qaad, aabbihiina wuu ka yeelay oo kor buu u qaaday. Wiilkii yarka ahaa isagoo sidii nin gool dhaliyey oo guuleystay farta kor u taagaya ayaa wuxuu u yeeryeeraya magacyada wiilal ay isku fasal ahaayeen wuxuuna ku dhawaqayey ereyo Ingiriis ah oo ahaa sidatan: "Oi! Jeyda and Andrew, this is my father, this is my father, this is my father, I told you I have a father!!!" Oo micnaheedu yahay waryaa Jeydan iyo Andrew, waa kan aabbahay, waa kan aabbahay, waa kan aabbahay, ayuu si isdabajoog ah ugu dhawaaqay.

Ayuub aabbihiis oo yaabban ayaa wiilkiisii ku yiri "war heedhee maxaad wiilasha ka rabtaa oo aad la qaylinaysaa? ma qofaan aabbe lahayn baa jira? See wax kaa yihiin!" Wiilkii yaraa ayaa isagoo aabbihiis u jawaabaya ku yiri "aabbe waxay weligey igu foorjayn jireen aabbe ma lihid, oo aabbahaa dugsiga ma yimaaddo. Maantase waan ka aarsaday oo waan ciil baxay ee aabbe waad ku mahadsan tahay inaad maanta dugsiga iga soo doontay." Aabbihii oo aad uga xumaaday sheekada wiilkiisa ku dhacday iyo sida qaadka cunistiisu u saamaysay wiilkiisa yarka ah ayaa sheekadaan iiga sheekeeyey. Wuxuuna igu yiri "Cawaaloow qaadka cadaabka uu aniga i soo mariyey waxaa iiga daran ciilka uu caruurtayda baday."

SHEEKOOYINKA QAADKA

Jidhkayga qaybta hoose waa qabow
Waxaa uu ahaa nin qaadka si xad dhaaf ah u isticmaala, waxaana uu ku noolaa Soomaaliya. Ninkan ayaa magaciisa waxaa la odhan jirey Ducaale, waxaa uu ahaa nin dhallinyaro ah, shaqo fiican ka shaqeeya. Dhallinyarada ay saaxiibbada yihiin ayuu qaadka la cuni jirey. Habeen habeennada ka mid ah ayaa isagoo saaxiibbadii la fadhiya marfish (goobaha qaadka lagu cuno) ayuu aad u mirqaamay ka dib markuu cunay qaad aad u farabadan.

Ninkii Ducaale ayaa mirqaan aawadeed hadal laga waayey, mar kasta oo qaadku ka dhammaado wuxuu qaataa qaad kale. Wakhtigu wuxuu is guro oo uu usii siqo dhinaca habeenka, dhallinyaradii ayaa midba mar kacay oo guryahooda kala aadeen. Balse, Ducaale waxay israaceen laba ka mid ah dhallinyaradii ay marfashaka ku wada qayilayeen. Nasiibdarro ninkii Ducaale waxaa uu ka tagey macawiistii uu xidhnaa mirqaan aawadeed. Isagoo mutuxan oo sidii hooyadii ku dhashay ah ayuu dhallinayaradii iska daba kacay, isaga oo aan xidhnayn wax macaawis ah, balse xidhan garan yar oo cad. Markay in badan socdeen ayuu ninkii Ducaale yidhi: "Niyoow dhulku caawa waa qabow". Dhallinyaradii mid ka mid ah ayaa waxaa uu ku yidhi "Oo maxaa kugu dhacay, oo aad dareentay!". Ducaale ayaa yidhi "Jidhkayga qaybta hoose waa qabow."

***

Aabbihii qaad siistay xaaskiisa, carruurtiisa, sodohdii iyo seeddiyadii

Isticmaalka qaadka waxaan ka soo maray dhibaatooyin badan, ceeb badanna waa igu dhacday. Laakiin, midda maanta i haysata u malayn maayo inay qof hore ugu dhacday. Waxaan ahay aabbe Soomaaliyeed oo jooga Soomaaliya. Waxaan leeyahay 8 carruur ah iyo xaaskayga oo ah gabar miskiin ah oo i adeecda inkastooy waayahan danbe iga niyad jabtay. Waxaa deris nala ah soddohday oo runtii reerkaan la'aanteed uu mar hore dumi lahaa. Soddohday waa qof qiima badan oo gabadheeda mar walba ku waanisa naa ninkaaga u dul qaado oo u samir. Soddohday wiilasheeda oo seeddiyaashey ah oo dibadda jooga ayaa masaariif noo soo diri jirey muddo dheer.

Markii danbe waxay dheheen waxaan ku siinaynaa xoogaa aad ganacsi ku bilowdid ee shaqayso, maalin walba seeddiyadaa wax ma weydiisan kartide, waanna ognahay waaqica waddanka ee arintaas ku dhaqaaq, bay igula taliyeen. Waxayna ii soo direen $10,000. Waan ku farxay arrintii waxaanna ku tashaday inaan ganacsi bilaabo, qaadkana iska daayo.

Waxaan maalmihii u horeeyey la tashadaa raggii qaadka aan muddada dheer wada cuni jirney, illeen asxaab kaleba ma lihiye. Dee haddii la tashanayo oo adduunyo la falanqaynayo waa in raggu qayilaaye, dhawr maalmood ayaa aan si isdabajoog ah qaad badan u cunay. Sheekadii inaan lacag badan haystana asxaabtaydii qaadka way wada gaartay; mid i shaxaada, mid deyn iga qaata iyo mid iskala kay socda, oo baabuur baas oo aanan u dirsan maalin walba igu qaada, oo hadba meeshaan rabo i geeya. Waxba yaanan hadal kugu daaline, lacagtii saan u siibsiibayey oo maalinba xooga ula soo baxayey waxaan arkay iyadoo sii dhammaan rabta. Waxaan ku fekeray inaan isdabaqabto oo sida isu dhaamo. Maalin walba xaaskaygu waxay i weeydiisaa ganacsigii ka warran, waxaanna u sheegaa been oo waxaan ku iraahdaa "doon ayaa soo socota oo alaab ganacsi ii saaran tahay, bakhaarna waan ijaartay."

Soddohday ayaa maalin aragtay anigoo fekeraya. Waxay igu tiri hooyo maxaa kaa qaldan? Waxaan u sheegay inaan ganacsi bilaabay oo lacagtii igu fillaan weyday. Waxay si fudud u tiri anaa haya $5,000 oo aanan hada u baahnayn ee aan sannadka danbe Xajka ku tagayee sii qaado oo iisoo celi markuu ganacsigu kuu kala kaco. Si degdeg ah baan ku iri "haye, hooyo." Sidaas ayaa waxaan soddohday uga qaatay lacagtii. Isku soo wada duuboo, lacagtii shanta kun oo dollar ahayd ee soddohday i imaahisay waxay martay meeshii tii hore martay oo gowska qayilaadda aniga asxaabul khiyaali ayaa ku qayilay. Hal sano ka dib, waxba faraha kuma hayo, soddohday xajkii ka baaqatay lacag la'aan aawadeed, seeddiyaday kala dhimannay, xaaskaygii warqaddaydii i sii mooyee wax kale afkeeda laga waa. Si kastaba ha ahaatee, belaayo kula tagtay haddaad maqli jirtay aneey ila tagtay hadda oo aan warqaddaan qorayo waan qayilayaa. Waxaan sameeyo ma aqaan; ma isdishaana maskaxdayda way ku soo dhacday ee bal iisoo duceeya!

***

War maxaa lugaha kaaga dhacay?
Waxaan waardiye ka ahaa xerada lagu qalo ariga, hilibkiisana dibadda loo dhoofiyo ee Soomaalidu u taqaan 'jiqiiqda'. Hilibka marka waxaa lagu kaydiyaa tallaagado waaweyn oo gawaari saaran oo dhulka ilaa shan mitir ka sarreeya. Marka habeenkii aan waardiyaha ka qaban jirnay tallaagadda dusheeda, waana ku qayili jirnay. Habeenkii dambe baan soo qaatay qaad aad u badan. Waxaan fariistay tallaagadda dusheedii, markaan si fiican u marqaamay baan u baahday suuli. Waxaa marqaankii i illowsiiyey inaan tallaagad saarnahay oo dhulka aan 5 mitir ka sarreeyo. Dabeedna si caadi ah baan isaga socday, oo waxaan u qabaa inaan dhulkii joogo. Dabadeedna tallaagaddii baan ka soo dhacay oo labada lugoodba saas baan uga jabay!

***

Tagsiilihii marqaansanaa
Waxaan joogey magaalada Minneapolis ee carriga Mareykanka. Waa bilowgii sannadkii 2000, waxaanna ku shaqaynayey tagsi. Shaqaa ii soo dhacday ka dib markaan ka soo dhergay; qaad midaan ruugay iyo midaan karsaday oo aan shaah ahaan u cabbayba. Shaqada waxaa ku qoran macmiilka irridda ku garaac ama gambaleelka. Markaan gaaray goobtii macmiilku degganaa, gaariga ayaa aan ka soo degtay, sidii la igu amrayna gambaleelka baan garaacay. Inta aanan gacantii soo celin, waaba nin iyo xaaskiisa oo casho u socda, oo labbisan. Xaggii gaariga ayaa aan soo wada aadnay. Irriddii gadaalaan ka furay anaaba hor galay oo soo xirtay! Iyagiina banaanka ayey taagan yihiin. Waxaan leeyahay gaarigaan baas muu socdo!

Raadiyaha tagsiga iyo muraayadda baan indhaha ku dhuftay markaas ayaa aan miyirsaday. Ceeb looma dhintee ma qiyaasi karo intaan fadhiyey meesha, laakin ceeb baan dareemay iyo dullinimo. Warqad meesha taallay baan qaatay, kuraastii wax nadiifinaya baan iska dhigay —waan soo baxay, waxaan ku iri kursigaan nadiifinayay, dabadeedna mahadsanid bay igu yiraahdeen.

***

Dumarkaan raggii lahaa baa yimid
Waagii qaadka sida xooggan looga cuni jirey London iyo waddanka Ingiriiska oo dhan, ayaa waxaa dhacday in rag badan oo Soomaaliyeed nolosha ka dhaceen, oo ay noqdeen kuwo cunista qaadka weheshaday. Guur iyo inay reer yeeshaan oo shaqaystaanna waxaa ka hortaagnaa oo ku habsaday masiibada qaadka. Dhanka kalena, waxaa waddanka Ingiriiska joogey gabdho gashaantiyo ah oo u diyaar ahaa inay guursadaan oo reer yagleelaan. Waxa ay dhibaatada uu qaadku ku hayay ragga Soomaaliyeed keentay in raggii iyo dumarkii Soomaaliyeed isfahmi waayaan oo kala noqdaan laba dabaqadood oo aan shaqo isku lahayn. Gabdhuhu waxay u badnaayeen gabdho dhawrsoon, asturan oo waxbartay, oo shaqaysta hankooduna weyn yahay.

Ragguna, waa kuwa qaadka cunee, waxay u badnaayeen mashaqaystayaal wahsi badan oo aan han weyn iyo himilo fog midna lahayn, oo waxa ay ka fekeraanba ku soo koobnaaday maanta xageed qaadkii iyo qadadii ka heshaa. Ragga waxaa intaas u dheeraa daqarrada isticmaalka qaadka oo dhafoorkooda ka muuqday iyo dacdarrooyin kale oo badan oo ay gabdhuhu suluugeen.

Waxay sheekadu noqotay kaaf iyo kala dheeri. Gabdhihii Soomaaliyeed ee Ingiriiska degganaa waxay suluugeen raggii qaadka cuni jirey, intii aan qaadka cuni jirina horrey u guursadeen. Waxaa isku soo haray rag qaadka cuna oo guurka ku hammiya— laakiin jaahwareersan— iyo gabdho dhawrsoon oo guurdoon ah.

Dumarku waa iswaraystaane, waxaa kale oo jirey dhawr gabdhood oo horey ugu hodmay raggaas qaadka weheshaday, oo waa sida ay iyagu sheegeenee guurkoodii ku khasaaray kuna hungoobay ragaas marqaansan. Gabdhihii Soomaaliyeed ee reer Ingiriiska ahaa waxay bilaabeen inay masaajidda ku xirmaan, oo ay si hoos-hoos ah culumada maamuulka masaajidka ugu sheegtaan xaaladdooda. Taas oo ahayd inay yihiin gabdho guurdoon ah oo raadinaya rag nadiif ah oo masaajidda ku xiran oo shaqaysta oo sharafleh oo Muslim ah— waddankuu doono ha ka yimaaddee. Maamulkii masaajidku iyagoo dhaqan ahaan si u diiddan in gabdhahaan qiimaha badan ee Soomaaliyeed la siiyo rag ajaanib ah, ayaa haddana waxay garowsadeen in gabdhuhu xaqa ku taagan yihiin. Haddii raggoodi qaadku la tagey dan baa badday inay ajnabiga guursadaan ee halaga qoro magacyada hana loo xulo rag nadiif ah, ayaa la isku raacay.

Waxaa bilaabmay qorshihii lagu qaadanayey qalanjooyinka Soomaaliyeed. Oo waxaa guursaday rag aysan is dhaqan aqoon. Sooryo iyo yarad toona lagama bixin ee xaraash iyo xoolo jaban baa ka dhacday. Rag badan oo ajnabi ah ayaa isla markiiba isu sheegay hawshaan cusub iyo kheyrkaan meesha ka furmay. Waxaana soo batay rag ajnabi ah oo caddaan iyo madowba leh oo culumada ka codsanayey iyagoo oranayey "sheekhoow diiwaangelinta igu dar anigana." Liiskii wuxuu isku shareeray cirkaas waxaana loo sameeyey wax la yiraahdo *'Waiting list'* ama safka sugidda.

Iyadoo halkaas xaajadu marayso ayaa waxaa la joojiyey

qaadkii imaan jirey Ingiriiska, oo ku soo beegmay maalintii ugu horreysay bishii barakaysnayd ee Ramadaan. Allaahu Akbar. Waxaa masaajidda soo buux dhaafiyey raggii qaadka cuni jirey. Waxaa ragga aad u soo dhoweeyey imaamyadii masaajidda oo ku dhiirigeliyay inay iska cibaadeystaan oo ay ka faa'iidaystaan fursaddaan qaaliga ah, marba haddii Ilaahay qaadkii naga joojiyey. Wadaad raggii qaadka la hadlaya ayaa ku yiri "shaqaysta masaajidkana ku xirnaada, khayr kale oo badanna waan idiin hayaa."

Raggii qaadka cuni jirey mudo ka dib waxay ka raysteen qaadkii, waxaana soo noqotay bilicdii jidhkooda iyo nuurkiisi. Waxay iska jafeen boorka, waxay bilaabeen shaqooyin— isbeddel weyn ayaa ragii ku dhacay. Wadaad imaam ka ahaa masaajid ka mid ah masaajidda London ayaa raggii marba intuu mid si goonni ah ula faqay weydiiyey inuu guurdoon yahay iyo in kale. Waxaana u soo baxday in raggu ay guurdoon-xoogaa-soodaahay wada yihiin.

Raggii ayuu wuxuu ku yiri "idinkuna khayr baad heli doontaan anigana waad i ciil tirteene ii jooga halkiinnaas. Wadaadku awalba way dhibi jirtey in qalanjooyinka Soomaaliyeed rag ajnabiy ah la siiyo. Laakiin xilligaas xal kale ma uusan hayn, haddase waxaa masaajidka u dhex fadhiya rag Soomaaliyeed oo dhaqankooda iyo afkooda iyo dhiigba ay wadaagaan gabdhahaas. Wadaadkii wuxuu noqday nin tol helay. Maalin maalmaha kamid ah ayaa wuxuu yiri ii soo bixiyaa warqaddii ay ku qornaayeen ragga gabdhaha sugaya ee loo yaqaanney *'Waiting list'* safka sugidda. Markii warqadii loo keenay ayaa wuxuu ka tirtiray raggii ajnabiga ahaa oo dhan. Wuxuuna ku beddelay rag Soomaaliyeed. Waxaana bilaabmatay in raggii u horreeyey safka loo guuriyo gabdhihii. waxaa ka dhacay khayr badan, waxaana gabdhaha lagu doonay gogol weyn oo tolkeed fadhiyo —siduu dhaqanku ahaan jirey. Waxaa la kala qaatay sooryo, waxaana gabdhihii meheriyey imaamkii masaajidka.

Imaamkii masaajidka oo xaaladdu meel fiican u marayso, dhawr reer oo Soomaali ahna dhisay oo ka raystay gabdhihii ajnabigu ka wadan jireen, ee welwelka ku hayn jirey, ayaa maalin maalmaha ka mid ah isagoo masaajidka jooga waxaa u yimid nin ajnabi ahaa oo ka mid ahaa dadka soo islaamay. Salaan ka dib wuxuu imaamkii ku yiri: "Sheikh what happened to the waiting list? I am still waiting" (Sheekhoow maxaa ku dhacay liiskii sugitaanka ayaamahaanba waan kaa war sugayey?). Sheekhii intuu dhoollacaddeeyey ayaa wuxuu u yeeray wiil dhalinyaro ah oo masaajidka joogey wuxuuna ku yiri "Adeeroow khayr Alle ha ku siiyee, ninkaan luuqada uu ku hadlayo si fiican uma fahmin, ee waxaad ku tiraahdaa liiskii waa la xiray." Ninkii ayaa loo turjumay oo waxaa lagu yiri liiskii aad sugeysay waa la xiray oo wuu dhammaaday. Isagoo yaabay, xoogaana xanaaqay ayuu isla markiiba la soo booday "WHY?" Waayo? Maaxaa loo xiray liiska? Imaamkii masaajidka ayaa intuu sii dhaqaaqay yiri "adeer u sheeg dumarkaan raggii lahaa baa yimid."!

***

Baaranooyada qaadka
Faarax waa nin aad u wanaagsan oo bulshada magac ku leh, oo weliba aad loo ixtiraamo. Hal cillad ayuu Faarax lahaa: waa qaad cun. Faarax markuu shaqada ka soo baxo toos gurigiisa uma yimaaddo ee qayilaad buu sii aadaa. Faarax xaaskiisu waa naag adag oo mar walba ku qaylisa markuu soo daaho. Faarax qaadkii buu qabatimay oo balwad buu ku noqday. Faarax markuu qaadka cuno wuxuu maqlaa codad

aan jirin, wuxuuna arkaa wax mala-awaal ah. Faarax caado wuxuu ka dhigtay inuu gurigiisa isku soo aaddiyo goortii xaaskiisa iyo carruurtiisu ay seexdaan, si aan loogu qaylin.

Faarax waxaa kaloo caado u ahayd intuusan guriga soo gelin inuu dhegta saaro derbiga iyo albaabka, bal in cidi soo jeeddo iyo in kale. Hadduu shanqar maqlo ma galo guriga ilaa shanqartu dhammaato. Faarax habeen buu qaad aad u badan ka soo dhergay, albaabka deriskooda ayuu dhegta saaray isagoo u heysta inuu albaabka gurigiisa dhegta saaray. Cabbaar ka dib wuxuu maqlay nin iyo naag xaajadu meel qatar ah uga sii degayso, oo is leh xabiibii iyo xabiibtii adigaan dunida kuugu jeclahay, iyo Hmmmm guux iwm.

Faarax masayr baa ku dhacay oo wuxuu u qaatay in xaaskiisii loo soo daba maray, oo ay nin kale la tumanayso. Faarax isagoon waxba hubsan buu gurigii islaameed harraati ku jabiyey oo ninkii ay deriska ahaayeen iyo xaaskiisa oo sariirtooda ku jira ka dhex kacay, oo ninkii feer ku waalay, naagtiina dharbaaxo uga soo gooyey oo ku yiri saddex baan kugu furay belaayayahay khaa'inadda ah!.

Faarax wuxuu ku hadlayay erayo aflagaaddo ah oo uu naagta ku eedaynayey gogoldhaaf. Xaafadda oo dhan baa qayladii ku soo kacday. Haddii la isu yimid, mise Faarax reerihii ay deriska ahaayeen buu dhex taagan yahay.

Faarax xaal baa laga qaaday, maalintaas baana qaad uu cuno ugu danbeysay.

***

Ibliis iyo nin marqaamay

Nin aad qaadka u cuni jirey oo dhawr habeen soo jeeday, marqaankana cirka maraya ayaa habeen seexday. Dhawr sano habeen ma seexan ee maalin buu seexan jirey. Markaas baa waxaa riyo ugu yimid Ibliis (acuudu billaahi mina-Shaydaani Rajiim). Ibliis baa hadalkii qaatay oo ninkii ku yiri "Muslin fiican baad weligaa ahayd oo Islaannimo baa lagugu dhalay, nin salaadda tukadana waad tahay ee caawa aan ku abaalmariyee maxaan kuu qabtaa?"

Ninka marqaansan dhoof baa maskaxda ka galay, oo buufis baa ku dhacay. Inuu Yurub Iyo Maraykan u dhoofo buu in muddo ah raadinayey. Marka wuxuu is yiri alleylehe caaway dhoof kuugu dhowdahay, oo waa isaga la yiri Shaydaanku qaarad-ka-qaarad ayuu ilbiriqsi u duulaa. Markaas buu yiri "Ibliis, ninyahow i dhoofi oo Yurub ama Maraykan igee." Ibliis baa inta qoslay yiri "ma Intaas kaliya?! Soo bood oo dhabarkayga soo fuul."

Ninkii Ibliis dhabarkiisa ayuu soo fuulay, wayna soo duuleen. Markay badweynta kor marayaan baa ninkii saxaro qabatay, markaas buu yiri "war heedhe Ibliis, dhulka igee saxaraa i haysee." Ibliis baa ku yiri "war badweynta ayaa aynu dul maraynaa oo dhul ma dhowa ee iska sii daa baddey ku daadane."

Ninkii wixii caloosha ugu jirey oo saxaro ahayd ayuu oodda ka qaaday, oo weli dhawaaqeeda deriskii moodeen in dagaal gondahooda ka qarxay baq-baqda ka yeereysa aawadeed, oo xaafaddii oo dhan soo kacday. Hurdadii buu ka soo salalay oo soo booday, wuxuuna dareemay qoyaan, mise saxaradiisuu dhex jiifaa!

Ibliis, belaayo kula saaxiibtay, wuxu xaasidsanaa ragyaqaan ma aha godka lagu cadaab.

SUUGAANTA QAADKA

Dhibaatada Qaadku ku hayo ummada Soomaaliyeed meel kasta oo ay ka joogaan dunida ayaa sii kordhaysa, iyadoo arrintan si weyn looga dareemay meel kasta, haddaba waxaan idiin soo bandhigayaa gabay murti ku dheehan tahay oo ka hadlaya sidii uu abwaanku qaadka isaga daayey.

Abwaan Maxamed Dhagaafe Cilmi iyo Maansadii "Maan iskaba daayo"

Duhurkii markuu soo dhacoo qaylo kor u duusho.
Qof waliba wuxuu doonayaa inuu far duubtaaye.
Haddii aan danyare ahay anigu duunyo aan dhaqanin.
Dahabshiilna laysoo dhigayn doolarkii lacagta.
Docka tuurka barabaraha aan laygu darajaynin.
Dawo malahan oo meel xunbuu igu danbaysiine.
Intaan dayday xayraami laa maan iskaba daayo.
Doondoonistiisii adoo daal la socon waayay.
Casar dabadii uurbeys haddii lagula soo doonto.
Darintiyo sigaarkaba markii aad dabari waydo.
Dagi maysid oo shaahi baa kaaga sii darane.
Darmuus uu nin iibsaday intaad koob la daba joogto.

Dawo malahan oo meel xunbuu kugu danbeysiine.
Dawarsiga intaan baran lahaa maan iskaba daayo.
Adigoo doraad cunay shalana calafku kuu diiday.
Haddii maanta lagu daba marshoo dani ku seegsiiso.
Durba seexan mayside waxbaa diidan gama iiye.
Dubaab aadan arag iyo dhiqlaa diirka kaa xuliye.
Balo aan la daalacan ayaad dila tiraahdaaye.
War duqii ma waashay ku oran dariska kuu dhow'e.
Jin intaan dagaalami lahayn maan iskaba daayo.
Beri baan dabarayaa haddii lagugu sii daayo.
Asaad doorka doorkiisa kale soo dalici waydo.
Dukaanbaa la xiray iyo la diid daynta iga dhawre.
Dumarkiyo ragaas gadahaa waa dir dhagaloode.
Inkastood daroorido dhaguhu uma daloolaane.
Dacalada nin suuq lagu dhagan yahay waa damiir xumiye.
Intii sharaftu iga duuli layd maan iskaba daayo.
Cibaado iyo diin seeg nin qaad dabada haystaaye.
Daruus iyo tacliin waa horey kala dalaafeene.
Dookhiisu waa maalintaa kuu daldalayaaye.
Inkastoo daruurtiyo marqaan dayaxa gaarsiiyo.
Dib ayuu shalaayaa markuu daanka mariyaaye.
Dariiqyada ayuu uga go'aa daymihii hore'e.
Duligaas intaan qabi lahaa maan iskaba daayo.
Dadkoo seexday layl dama ayaad dibada meertaaye.
Waxaad daris la noqotaa intii doorsan aadmiga'e.
Daryaankiyo sarqaankaad la tahay ul iyo diirkeede.
Ilaa waagu daalacana waad wada dikaysaane.
Haddii aan dil dhicinoon midkiin meesha lagu dooxin.
Wixii diintu diidiyo sinaa lagu danbaysiine.
Intii aan dibood noqon lahaa maan iskaba daayo.
Kolkii ay dareerraan ardadu oo dugsiga aado.
Daakiraada waaberi markii shaqo la doondoono.

SUUGAANTA QAADKA

Dadabtii ilmaha laga kacshaad dib ugu guurtaaye.
Ilaa uu kan kale soo dagana waa dug xaajaduye.
Duqda lagu halayn reerka oo howsha lagu daynin.
Dullaa laga dhaxlaa biilkii aad dumar ka dhowrtaaye.
Intii aan dayici laa xilkay maan iskaba daayo.
Haddaad daaqdo qaadkood misana daynba kari waydo.
Dadku kuma ciseeyoo dhamaan waa ku durayaane.
Dawdar iyo waxay kugu xusaan danihi ruux mooge.
Dunna laguma aamino ninkay dadartu waashaaye.
Adigoo da'weynoo ciradu dayrtay madaxaaga.
Dukaankii aad dalab ula tagtaa diiday buu orane.
Intii aan damiin dayi lahaa maan iskaba daayo.
Waxaa lagu daneeyaa intaad duunyo leedahaye.
Haddii aad dalaaftana ma jiro ruux ku dayayaaye.
Mar hadduusan diintii ilaah kugula dooyaynin.
Saaxiibka dunidaani waa daanka igu raace.
Ninkii aadan qaadkiisa dirin ways dibiriyaaye.
Maxaad ii dabari wayday buu kuugu dudayaaye.
Mooryaan intaan dumi lahaa maan iskaba daayo.
Dumar lagama maarmee midii calafku kuu dooro.
Haddii waalid kuu doono oo laydin darajeeyo.
Oo daarcad laydiin goglood kula damaashaado.
Durbaan iyo mashxarad iyo kolkii gaaf ladiriteeyo.
Aroos laguma daahee markii la isu kiin daayo.
Qaadiro ninkii daalanaa doorkii gudan waaye.
Intii aan dabyare noqon lahaa maan iskaba daayo,.
Ilkahoo ku daatiyo afkoo daasad noqonaaya.
Muuqaal darnaan kugu dhacdiyo midabka oo dawra.
Madaxoo ku diirmiyo tintoo badiba kaa duusha.
Durey aan marnaba kaa baxayn daa'in abidkaaba.
Dalan-baabi socodkoo noqdood saan daldali waydo.
Dabeecadaha qaad weeye iyo dagaladiisiiye.

Darbi jiif intaan noqon lahaa maan iskaba daayo.

***

Maansadan soo socota waxaa maansada tiriyey Abwaan Khaliif Faarax Xayir.

Qorshihii Ingiriiska dhowaan qaadka ku joojay, khilaaf
   baa ka abuurmay
Qolyo wey ku farxeenoo, qosol bey la dhaceenoo xaflad
   bey qabsadeen.
Qaarna wey ka naxeenoo, qoomameey ku abuurtay.
Idaacaddeeyda qaloocan, qolkeyga ku taalaa, qaban-
   qaabisay dood
Oo barnaamij khaas ah daraato qabatay oo bal
   dhegeysta.
Qolyo qaad qamaxiinoo fadhiya qol ku booqdoo
Makrafoon la dhex qaaday bal waxay ka qabaan
   qaabkaan iigu jawaabay
magacaa?
Qayilaaye:
Imisaad qayileysay?
Qiyaastii sodomeeyo.
Qaraarkaa Ingiriiska in la joojiyo qaadka ma wax baad
   ka qabtaa?
Go'aankaas qalas weeye, qaadku ma'aha doroogo,
   quudka awliyo weeye.
Ingiriiska qarwaaya qaladkiisa ma arkaayo qamrida muu
   iska daayo ee maxaad qaadka dulsaaray?
Qorshihiisa dhasheenoo qamaarkaa la ciyaartoo,
Qiiqa nuuga xashiishkiyo waa ujeedaa u qarsoon.
Qaadka faaiidadiisa qeexoo dhowr qodob sheeg?

Wuxuu yiri:

Qof hadduu qahar heesto ama qoomamo sheegto,
Markuu laanta qaniinoo qac ka siiyo bigeyska qalbigii
    dajiyaayoo qaadku daawo dhan weeye
Laba qaan kala gaadhay warmihii isku qaatayqoryihii
    isku heesta
Iyagoon is qudh goynin muxuu qaad isku keenay.
Markeey qaaci shitaan qayileena heshiiyoo khilaafkiiba
    ilaabay
Haddii qaadka la waayo dadka yaa u gar qaadi?
Qol nimuu ka sameystay qalbigiisa jeceylka qarsanaayay
    xanuunka
Muxuu qaadku ka keenay murti qiiro abuuroo tuu
    dareenka u qaaday,
Markii uu u qisooday u khushuucday warkiisoo
    qeybsadeen nolol fiican,
Haddii qaadka la waayo qori maayo abwaanku heeso
    loo lulo qoortoo
Qaadi maayo fanaanee, yaa qureyshta amaani?
Qasnad meel lagu keydsho qani kaa dhigi meysee,
Nin ragoon qarash heysan, isagoon quraacan ama aanan
    qadeynin
Muxuu qaadku ka yeelay qalbi taajir wax heysta?
Haddii qaadka la waayo, soo qamaami dagaalka,
Qamar-jaan xidh-xidhnaa dumar soo qabsan maayo!
Qalab qoorta la saarto miyey qaadan haweenku!
Qodob keenay marqaan baa qarankeena hagaayoo
Hadaan loo qayileynin qorshe yaa heli doona?
Sow ka quuso garaadkiiyo qumanoow caqliga maaha?
War nin weynoo qayiloonoo qol loo gogliheynoo
Qaxwe loo karineynoo, aan wuxuu qabto heynin
Miyaa qeylada buuqa, qub-qacda ubadkiisa qoyska
    raaxo ku joogi?
Markuu qaati istaago, sow intey caro qaado, qac ka siiya
    dhalaanka

Qaar saara islaanta qatar ma'aha amaanku?
Haddii qaadka la waayo yaa is qabaaya?
Nin ragaa qayilaadda qiimaheeda yaqaanee,
Qalad bey ka fahmeenee kuwaan qaadka aqoonin
Horta qaboobaa dab la'aa? qadaad dheeri xumaa?
Qawl rageed ma karaan, caruurteey la qoslaan, la
    qalaamo rogtaan.
Ilaa ey qayilaan qabyo weeye dhameenoo, alloow qaadka
    bartaan.
Markeey soo khatimaan baa cawaale oo ah qareenka
la dagaalanka qaadka qorshihiisa abuuraan
Qaraarkaan ka wareystoo qaabkaan buu ku bilaabay
Inteey qeyb ka aheedee qorshahaan gacan siisee
Qaadka diidnay laheyd iyo qaadir baa mahadda leh
Waa qaraar muddo dheer aan qeylo dhaan ku dalbeynoo
Qoraalaanu sameynoo khubaraa nagu raacdoo
Kuma aanan khasaarin'e waa kuwaa nala qaatay
Inuu qaadku daroogo yahay bey qirayaanoo
Qaadkii waa la mamnuucay.
Raga qaadka canaaya qaraarkaad ka hadleysid qalad bey
    u arkaan
Maxaad taa ka qabtaa?
Qaladkiisa sax moode la saxaayo qudhiisa
Yaa qoraaya warkiisa? isagaanba qumaneynee
Haddii qaadka la waayo ifa-faalo qiyaasta qaabka ey
    noqon sheeg?
Ninka qaadka cunaa dhashiisuu qadiyaayoo
    quudkooduu ku tuntaayoo
Haddii qaadka la waayo, qarash baa hakanaayo
    qoysaskaa aflaxaaya.
Ninka qaadka cunaa qeydhkiisa wuu ka haraayoo waqti
    baa ka khasaaroo
Haddii qaadka la waayo, aabahaa qabsan doona qabyo
    howl ka aheyd.
Ninka qaadka cunaa qoodheyda waa xeradeyda,

qayilaad ku dhaxiisa
Marwadiisa qurxoon buu qalbigeeda jabshaayoo, haddii qaadka la waayo
Waqti bey wada qaadan labadii is qabaayoo farxad bey wada qeybsan.
Raga qaadka cunaa, qaar ayaan u sujuudin qaadirkooda salaadoo
Qaarna wuu u sahlaayoo, waa qaleyn iyo dayn'e, haddii qaadka la waayo
Quraankeey baran diintoo qalbigaa degi doona wey qaboowbahayaan
Raga qaadka cunaaya waa qalfoof soctaayee, haddii qaadka la waayo
Ragaan quudka ka soomaa quruxeysan lahaayoo, hablo ka quustay samaanoo,
Ka qashaafa gayaanoo, quudareeyay shisheeyaa rajo qaadi laheydoo
Haddii qaadka la waayo, ragaan guur u qalqaalin ayaa guursan qureyshtoo
Qoysas baa dhismi doona. haddii qaadka la waayo,
Qorax baa dhalan doontoo qarankaa cagihiisa ku istaagi qumaati.
Qayilaadda marqaanka, qaraami dhegeyska, qosol-been u-riyaaqa
Qaayibkaa maqan jooga, marfish qiiq wada heysto qol ku yaal janno moodka
Qaadiraal caro-tooska, waa khasaare na heytstee
Haddii qaadka la waayo, qalad baa sixmo doona,
Raga qaadka cunaayi, gar ma qaadi karaan, mana qaadan karaan
Qarash keyd ma dhigtaan, qof ma soori karaan, qol ma seexin karaan
Waa khiyaali ku nool, qayilaadda intey qaadka joojinayaan,
Qabyo weeye dhameeynee qaadiroow ka dawee.

***

Dhiirrigelin Abukar Cawaale (17-06-2014)

Gobannimadu waa tii
Guulle kuugu deeqee
Talo aad gorfaysiyo
Gacan aad ku hanatiyo
Geesi waaban waayiyo
Guunyo aad huraysiyo
Lagu gaadho samirkee
Garri iyo caroog iyo
Gabay iyo mashxarad iyo
Guubaabo lagu sado.

Gallad Eebbe weeyoo,
Goortan waan sugaynnee
Giddigeen dadkaygoow
Gulufkii lib keenyoo
Goobyaale cadowgii
Ginigaan shaqaynniyo
Guran jiray adduunkii
Gacantiinnu haysee
Gu'yaal aad dhaqayseen;

Geesta kale halyeygii
U guntaday dagaalkee
Goortii la joogaba
in uu gabo tallaabada,
Geerida ka doortee
Waagii guduutiyo,
Gooshkii yimaaddaba,
Gudbin jiray warkiisee
Gadiidkiyo habeenkaba

Guuraha u yeelmee
Guri lagu negaadiyo
Gogol lagu bariistiyo
Gacmo laabad diidee
Guulaamo socotiyo
Sida geydha roobaad
Hadba gees ka iman jiray;

Giiryaale maagiyo
Gocor looma baahnee;
Geed-lab seexan waayiyo
Gaban quudhsi diidiyo
Geed lagu tanaadiyo
Waxaad tahay garaadoo
Gabban weyday jeernee,
Gacalloow Cawaaloow
Garabkaaga jaallee
Libtu kama gablooshoo
Ha ku dhawro Guulluhu.

Curiye: Maxamed Muxumed Cabdi "Haykal"

RAADRAAC

1 Al-Mugahed, Leen (2008). "Khat Chewing in Yemen: Turning over a New Leaf: Khat Chewing Is on the Rise in Yemen, Raising Concerns about the Health and Social Consequences"
2 Dickens, Charles (1856) [Digitized February 19, 2010]. "The Orsons of East Africa". Household Words: A Weekly Journal, Volume 14. Bradbury & Evans. p. 176
3 Nutt, D.; King, L.A.; Saulsbury, C.; Blakemore, Colin (March 2007). "Development of a rational scale to assess the harm of drugs of potential misuse". Lancet. 369 (9566): 1047–53.
4 The Effects of Khat (Catha Edulis) (First ed.). London: Yousif Al Zarouni.
5 Dickens, Charles (1856) [Digitized February 19, 2010]. "The Orsons of East Africa". Household Words: A Weekly Journal, Volume 14. Bradbury & Evans. p. 176.
6 Wilkinson, op.cit., p.196
7 Brooklyn Museum online Ancient Egypt glossary. Accessed: 19 December 2016.
8 Captain Sir Richard Burton: a Biography (1821-1890) and First Footsteps in East Africa, 1856
9 Abu-rayhan Maxamed Ibnu Axmed Albayruuni (973-1048).
10 C/qaadir C/llaahi Cumar (Insi) Qaadku ma maandooriyaa? (2008a).
11 Kalix, Peter. "Pharmacological Properties of the Stimulant Khat." Pharmacology & Therapeutics 48.3 (1990): 397-416.
12 C/qaadir C/llaahi Cumar (Insi) Qaadku ma maandooriyaa? (2008b).
13 C/qaadir C/llaahi Cumar (Insi) Qaadku ma maandooriyaa? (2008c).
14 C/qaadir C/llaahi Cumar (Insi) Qaadku ma maandooriyaa? (2008d).
15 C/qaadir C/llaahi Cumar (Insi) Qaadku ma maandooriyaa? (2008e).
16 "Kenya bans all flights to Somalia" BBC News 13th November 2006
17 Ethiopia: Khat - the Perils and Promises; 1st jan (2016) http://allafrica.com/stories/201601041059.html
18 Martin, Alice. "Djibouti Drug Culture Leaves Dying Women High and

Dry,"The Guardian October 28, (1996)
19 C/qaadir C/llaahi Cumar (Insi) Qaadku ma maandooriyaa? (2008f).
20 Dickens, Charles (1856) [Digitized February 19, 2010]. "The Orsons of East Africa". Household Words: A Weekly Journal, Volume 14. Bradbury & Evans. p. 176
21 C/qaadir C/llaahi Cumar (Insi) Qaadku ma maandooriyaa? (2008g).
22 Hassan NAGM. Gunaid AA, El Khally FMY, Murray-Lyon IM. The effect of Khat chewing leaves on the Human mood. Saudi Med J 2002; 23(7): 850-853
23 Eeg Kalix P. Pharmacological properties of the stimulant khat. Pharmacol Ther 1990; 48: 397-416
24 C/qaadir C/llaahi Cumar (Insi) Qaadku ma maandooriyaa? (2008h).
25 P. Pharmacological properties of the stimulant khat. Pharmacol Ther 1990; 48: 397-41
26 C/qaadir C/llaahi Cumar (Insi) Qaadku ma maandooriyaa? (2008i).
27 Hassan NAGM. Gunaid AA, El Khally FMY, Murray-Lyon IM. The effect of Khat chewing leaves on the Human mood. Saudi Med J (2002a); 23(7): 850-853
28 Pantelis C, Hindler CG, Taylor JC. Use and abuse of khat (catha edulis): a review of the distribution, pharmacology, side effects and a description of psychosis attributed to khat chewing. Psychol Med 1989; 19: 657-668
29 Hassan NAGM, Gunaid AA, Ali MS, Shehab MMI. The effects of chewing qat leaves on psychotic patients. The Journal of The Egyptian Society of Pharmacology & Experimental Therapeutics 2003; 23 (1): 179-190.
30 C/qaadir C/llaahi Cumar (Insi) Qaadku ma maandooriyaa? (2008j).
31 Hassan NAGM. Gunaid AA, El Khally FMY, Murray-Lyon IM. The effect of Khat chewing leaves on the Human mood. Saudi Med J 2002; 23(7): 850-853
32 C/qaadir C/llaahi Cumar (Insi) Qaadku ma maandooriyaa? (200kj).
33 Halket JM, Karusu Z, Murray-Lyon IM. Plasma cathinone levels following chewing khat leaves (Catha edulis Forsk). J

Ethnopharmacol (1995a); 46: 111–113.
4 Halket JM, Karusu Z, Murray-Lyon IM. Plasma cathinone levels following chewing khat leaves (Catha edulis Forsk). J Ethnopharmacol (1995b); 46: 111–113.
5 Pantelis C, Hindler CG, Taylor JC. Use and abuse of khat (catha edulis): a review of the distribution, pharmacology, side effects and a description of psychosis attributed to khat chewing. Psychol Med 1989; 19: 657–668
6 Halket JM, Karusu Z, Murray-Lyon IM. Plasma cathinone levels following chewing khat leaves (Catha edulis Forsk). J Ethnopharmacol (1995c); 46: 111–113.
7 C/qaadir C/llaahi Cumar (Insi) Qaadku ma maandooriyaa? (200ll).
8 C/qaadir C/llaahi Cumar (Insi) Qaadku ma maandooriyaa? (200lm).
9 C/qaadir C/llaahi Cumar (Insi) Qaadku ma maandooriyaa? (200ln).
10 C/qaadir C/llaahi Cumar (Insi) Qaadku ma maandooriyaa (200lo).
11 Thornhill, M., Dayer, M., Lockhart, P., McGurk, M., Shanson, D., Prendergast, B., Chambers, J., Jones, S. and Baddour, L. (2016). Prophylaxis guidelines: Plea to NICE. [online] British Dental Journal. Available at: http://www.nature.com/bdj/journal/v221/n1/full/sj.bdj.2016.470.html [Accessed 22 Dec. 2016].
12 C/qaadir C/llaahi Cumar (Insi) Qaadku ma maandooriyaa (200lq).
13 C/qaadir C/llaahi Cumar (Insi) Qaadku ma maandooriyaa (200lp).
14 Heymann TD, Bhupulan A, Zuriekat NEK, Bomanji J, Drinkwater C, Giles P. Murray-Lyon IM. Khat chewing delays gastric emptying of a semi-solid meal. Aliment Pharmacol Ther 1995; 9: 81–83
15 Thornhill, M., Dayer, M., Lockhart, P., McGurk, M., Shanson, D., Prendergast, B., Chambers, J., Jones, S. and Baddour, L. (2016). Prophylaxis guidelines: Plea to NICE. [online] British Dental Journal. Available at: http://www.nature.com/bdj/journal/v221/n1/full/sj.bdj.2016.470.html [Accessed 22 Dec. 2016].
16 Journalofinfection.com. (2016). [online] Available at: http://www.journalofinfection.com/article/S0163-4453(16)30334-6/fulltext?rss=yes [Accessed 22 Dec. 2016].
17 Hassan NAGM. Gunaid AA, El Khally FMY, Murray-Lyon IM. The effect of Khat chewing leaves on the Human mood. Saudi Med J(2002c); 23(7): 850–853

48 Ibnu taymiyah (1328) Majmuucatu fataawaa: mualad: 21 boga: 535
49 Quraan: Suurah Albaqarah aayadda: 195
50 Quraan: Suurah alnisaa' aayadda: 29
51 Quraan: Suurah Al-israa' aayadda: 26
52 Quraan: Suurah Al-israa' aayadda: 27
53 Quraan: Suurah alnaxl: aayadda: 90
54 Sunan Altirmidi: Xadiis lambar: 1864

Wixii talo iyo tusaale ah oo ku saabsan buuggaan, ama sixidda macluumaadka ku qoran buuggaan, ama ku kordhin macluumaad ka maqan oo aad isleedahay waan ka tagey, fadlan iigu soo hagaaji emailka hoos ku qoran:

qaad@hotmail.co.uk